全国职业院校汽车类专业工作手册式新形态教材

附微课视频

汽车
保险员实战

中德诺浩（北京）教育科技股份有限公司 / 组编

吕丕华 / 主编

大连理工大学出版社

内容简介

本书是全国职业院校汽车类专业工作手册式新形态教材。全书分为十四个任务，包括销售交强险、为车辆承保、销售商业险主险、销售商业险附加险、制定投保方案、接听报案电话、现场查勘、记录事故现场、事故定损、理赔申请、赔款理算、保险销售实练、保险理赔实练等内容。

本书可作为全国职业院校汽车类专业的教学用书，也可作为汽车售后服务企业相关技术人员与社会人士的培训参考用书。

本套教材由吕丕华主编，本书由温江杰负责编写。

图书在版编目（CIP）数据

汽车保险员实战 ／ 中德诺浩（北京）教育科技股份有限公司组编 ． -- 大连 ： 大连理工大学出版社，2024.9
ISBN 978-7-5685-5009-3

Ⅰ．①汽… Ⅱ．①中… Ⅲ．①汽车保险－理赔－中国－教材 Ⅳ．① F842.634

中国国家版本馆 CIP 数据核字（2024）第 109494 号

大连理工大学出版社出版
地址：大连市软件园路 80 号　邮政编码：116023
发行：0411-84708842　邮购：0411-84708943　传真：0411-84701466
E-mail：dutp@dutp.cn　　URL：https://www.dutp.cn
大连图腾彩色印刷有限公司印刷　　大连理工大学出版社发行

幅面尺寸:210mm×285mm　印张:9.75　字数:271 千字
2024 年 9 月第 1 版　　2024 年 9 月第 1 次印刷

责任编辑:唐　爽　　　　　　　责任校对:吴媛媛
封面设计:张　莹

ISBN 978-7-5685-5009-3　　　　　　定　价:42.80 元

序

当前，我国处于由制造大国向制造强国、由人力资源大国向人力资源强国发展的重要时期，党和国家为此制定了一系列科教兴国、人才强国的战略措施。

在人才队伍中，工作在生产一线的技能型人才是重要基础。高素质技能型人才队伍是推动经济社会发展的重要保障，职业教育是培养高素质技能型人才的主要渠道。尽管世界各国国情不同，发展职业教育的条件、政策和具体措施各异，但无论是发达国家还是新兴工业化国家，都非常重视职业教育在培养高素质技能型人才中发挥的重要作用，把发展职业教育作为人力资源开发、振兴经济、增强国力的战略选择。

德国的职业教育水平处于世界领先地位。德国经济在世界金融危机中能依然稳健发展，与其因职业教育发达而拥有大量的高素质技能型人才是分不开的。完备的法律制度和各方面的高度重视，为德国的职业教育发展提供了有力保障。德国的双元制职业教育制度将劳动人事制度与教育制度有机地结合在一起。学校和企业都是培养人才的主体，并承担相应责任，学校和企业的教学计划、形式和内容虽各有侧重，但又相互联系，且均以工作任务为教学载体，将技能学习和训练、理论学习和运用有机结合，充分发挥学生在教学中的主体作用，着力培养学生承担社会责任的能力、独立发现和解决问题的能力，以及在实践中自主学习的能力。

改革开放以来，我国在借鉴国外先进职业教育经验方面取得了可喜成就。我国职业教育的对外交流与合作就是从借鉴和学习德国经验开始的，中德诺浩（北京）教育科技股份有限公司为此做了积极而有效的探索。

长期以来，该公司致力于引进德国的汽车职业教育资源，与德国手工业协会合作，在国内与以德国品牌为主的汽车合资企业和各类职业院校共同开展教育工作。经过多年的探索，结合我国国情，该公司成功引进德国汽车类专业职业教育的课程体系、教学素材和教学方法，并利用互联网手段进行了全方位本土化，在此基础上与 300 多所职业院校联手，为我国汽车维修企业培养了大批优秀人才。与此同时，该公司组织中德两国的汽车技术专家、经验丰富的维修技师和职业教育专家，共同编写了全国职业院校汽车类专业工作手册式新形态教材。这套教材以培养高技能人才为目标，内容选自实际操作，既原汁原味地吸纳了德国经验，又结合我国实际情况充实了教学内容，旨在推动我国汽车维修技能型人才的培养与世界接轨。我期待这套教材能在我国培养国际标准汽车高技能人才方面发挥重要作用，在中国由汽车大国向汽车强国迈进的征程中做出应有的贡献。

唐天标

（本序作者系第十一届全国人大常委会委员、第十一届全国人大教科文卫委员会副主任委员，中国人民解放军总政治部原副主任，上将军衔）

前言

　　职业教育是国民教育体系和人力资源开发的重要组成部分，肩负着培养多样化人才、传承技术技能、促进就业创业的重要职责。随着新型工业化的推进和科学技术的发展，现代职业教育体系已成为国家竞争力的重要支撑。为贯彻落实全国职业教育大会精神，推动现代职业教育高质量发展，加快构建现代职业教育体系，建设技能型社会，弘扬工匠精神，培养更多高素质技术技能人才，满足我国汽车产业迅猛发展对高端技术技能型汽车人才的需求，编者在总结多年来将德国汽车类专业职业教育中国本土化经验的基础上，编写了这套全国职业院校汽车类专业工作手册式新形态教材。

　　本套教材将理论基础和实践应用有机结合，在引领学生学习汽车专业知识的同时培养学生的实际操作技能，具有以下特点：

　　（1）以企业一线任务为引导，将理论知识与实践技能完美结合。

　　（2）教学任务有序化设计，从简单到复杂，循序渐进，不断深化。

　　（3）采用四色印刷，版面简洁清晰、主题明确、色彩清新。

　　（4）配有丰富的数字化教学资源，学生可通过扫描每个任务专属的二维码进行浏览和自学。

　　本套教材的编写充分发挥了学生的主体地位，优化了课堂设计，便于调动学生的学习积极性和主动性，还可培养学生的创新意识和创新能力。

本套教材是职业院校汽车类专业核心课程教材，也可供从事汽车研究、设计、制造、使用和维修的工程技术人员学习和参考。

尽管我们在探索教材特色方面做出了许多努力，但教材中仍可能存在一些不足，恳请广大读者批评指正，并将意见和建议反馈给我们，以便修订时改进。

编　者

目录

销售交强险任务工单			
客户信息	姓名		电话
车辆信息	车型	VIN	行驶里程 / km

任务描述

销售交强险 ☐　　销售商业险主险 ☐　　销售商业险附加险 ☐　　制定投保方案 ☐
接听报案电话 ☐　　现场查勘 ☐　　记录事故现场 ☐　　事故定损 ☐
理赔申请 ☐　　赔款理算 ☐　　承保 ☐
其他：
✎ _____
_____

车辆外观检查	车辆内部检查
凹凸 ☐	污渍 ☐
划痕 ☐	破损 ☐
石击 ☐	色斑 ☐
油漆 ☐	变形 ☐

明确具体工作任务

✎ _____
_____
_____

任务目标	● 能够为客户讲解交强险
	● 能够查阅交强险的保险条款
	● 能够计算交强险保费

任务内容	● 交强险的概念、保障及特点
	● 交强险的保险责任
	● 交强险保费计算公式

任务重点	● 交强险的保障内容
	● 交强险的保险责任
	● 交强险保费计算公式

任务难点	● 实际销售交强险

一、知识讲解

1. 交强险的概念

2006 年 3 月 21 日，国务院发布了《机动车交通事故责任强制保险条例》，自当年 7 月 1 日起施行。机动车交通事故责任强制保险（简称交强险）制度是我国首个由国家法规规定实行的强制保险制度。根据原中国保险监督管理委员会制定的《机动车交通事故责任强制保险费率浮动暂行办法》，从 2007 年 7 月 1 日起，在全国范围内统一实行交强险费率浮动与道路交通事故相联系的制度。

《机动车交通事故责任强制保险条例》规定，在中华人民共和国境内道路上行驶的机动车的所有人或者管理人，应当依照《中华人民共和国道路交通安全法》的规定投保机动车交通事故责任强制保险。机动车所有人、管理人未按照规定投保机动车交通事故责任强制保险的，由公安机关交通管理部门扣留机动车，通知机动车所有人、管理人依照规定投保，处依照规定投保最低责任限额应缴纳的保险费的 2 倍罚款。

2. 交强险的保障

交强险是由保险公司对被保险机动车发生道路交通事故造成受害人（不包括本车人员和被保险人）的人身伤亡、财产损失，在责任限额内予以赔偿的强制性责任保险。

3. 交强险的特点

（1）法定性。

（2）强制性。

（3）广泛覆盖性。

（4）社会公益性。

4. 交强险的保险责任

《关于实施车险综合改革的指导意见》中，针对有责情况、无责情况进行额度上的调整，意外身故 / 伤残、意外医疗等都有明显的提高。具体见表1-1。

表 1-1　　　　　　　　　　　　　　　　　交强险额度变化　　　　　　　　　　　　　　　　　元

有 / 无责情况	类别	改革前额度	改革后额度
有责情况	意外身故 / 伤残	11 万	18 万
	意外医疗	1 万	1.8 万
	财产损失	2 000	2 000
无责情况	意外身故 / 伤残	1.1 万	1.8 万
	意外医疗	1 000	1 800
	财产损失	100	100

5. 交强险保费计算公式

交强险保费 = 交强险基础保费 ×（1+ 与道路交通事故相联系的浮动费率）

交强险无赔款优待系数规定，针对 A、B、C、D、E 地区，面向第一年、第二年、第三年不出交通事故或者理赔的系数，进行一定的调整。

不同适用地区的调整系数不相同（仅供参考），详见表1-2。

表 1-2　　　　　　　　　　　　　　　　交强险无赔款优待系数

适用地区		优待系数		
		最近一年 0 起	最近两年 0 起	最近三年 0 起
A 区	青海、海南、西藏、内蒙古	−30%	−40%	−50%
B 区	山西、云南、广西	−25%	−35%	−45%
C 区	甘肃、吉林、山西、黑龙江、新疆	−20%	−30%	−40%
D 区	北京、天津、河北、宁夏	−15%	−25%	−35%

续表

适用地区	优待系数		
	最近一年 0 起	最近两年 0 起	最近三年 0 起
E 区　江苏、浙江、安徽、上海、湖南、湖北、江西、辽宁、河南、福建、重庆、山东、广东、四川、贵州	−10%	−20%	−30%

二、任务准备

在下列图片中勾选出完成本任务所需的物品。

行驶证	驾驶证	身份证	交强险费率浮动比率表
交强险基础保费表	商业险保单	交强险保单	计算器

三、任务分配

任务分配见表1-3。

表 1-3　　　　　　　　　　　　　　　　　任务分配

职务	代码	姓名	工作内容
组长	A		监督、管理组员工作
组员	B		准备实训资料
	C		
	D		领取所需物品
	E		

四、任务实施

（一）实施案例 1

各小组在组内进行汽车交强险的介绍，推荐同学为车辆购买汽车保险，根据下方给出的客户资料计算保费。

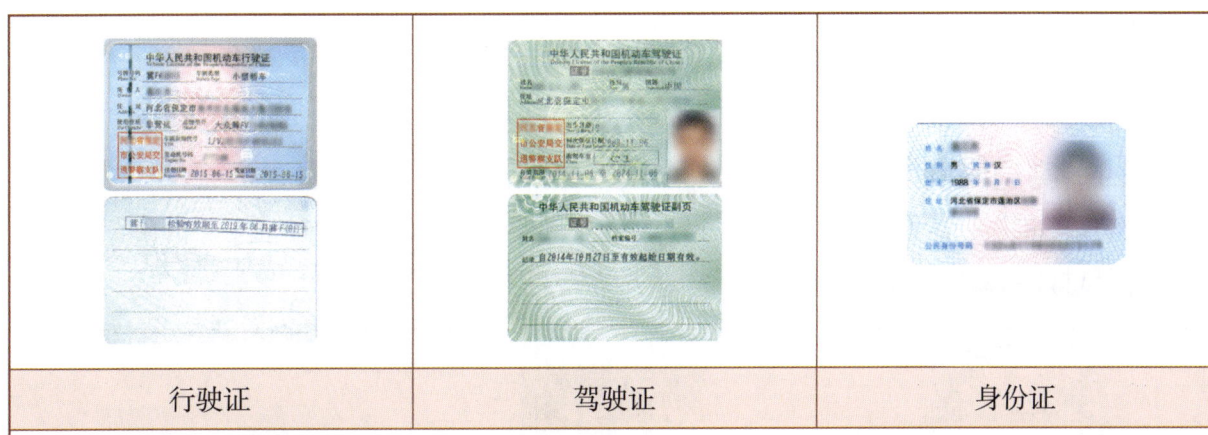

行驶证	驾驶证	身份证

该车辆在 2022 年保险周期内发生双方道路交通事故 1 次，在 2023 年保险周期内发生单方道路交通事故 1 次，计算 2024 年的保费。

交强险保费 ＝

（二）实施案例 2

各小组在组内进行汽车交强险的介绍，推荐同学为车辆购买汽车保险，根据下方给出的客户资料计算保费。

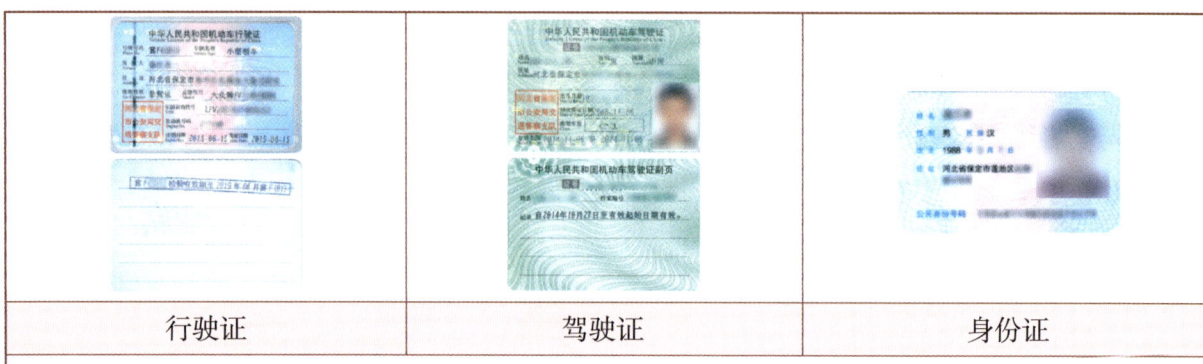

行驶证	驾驶证	身份证

该车辆在 2022 年保险周期内发生单方道路交通事故 1 次，在 2023 年保险周期内发生双方道路交通事故 1 次，计算 2024 年的保费。

交强险保费 =

（三）实施案例 3

各小组在组内进行汽车交强险的介绍，推荐同学为车辆购买汽车保险，根据下方给出的客户资料计算保费。

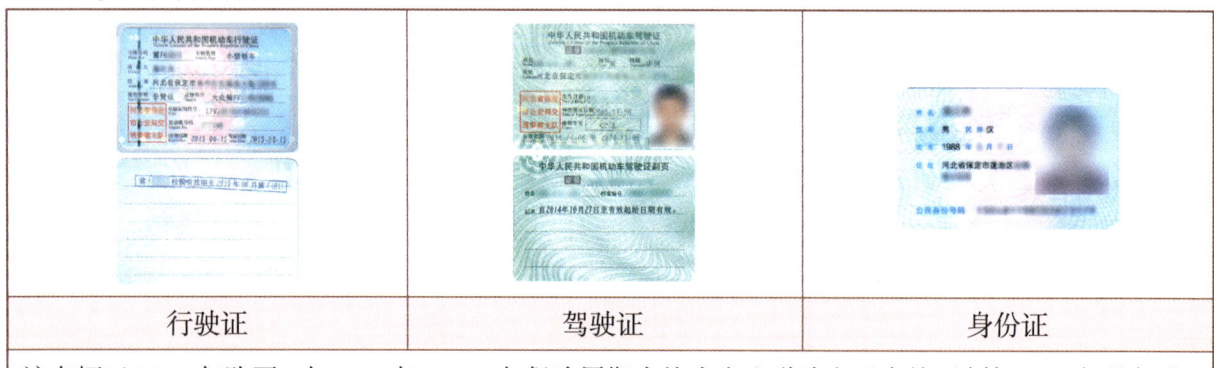

行驶证	驾驶证	身份证

该车辆于 2022 年购买，在 2022 年、2023 年保险周期内均未发生道路交通事故，计算 2024 年的保费。

交强险保费 =

（四）实施案例 4

各小组在组内进行汽车交强险的介绍，推荐同学为车辆购买汽车保险，根据下方给出的客户资料计算保费。

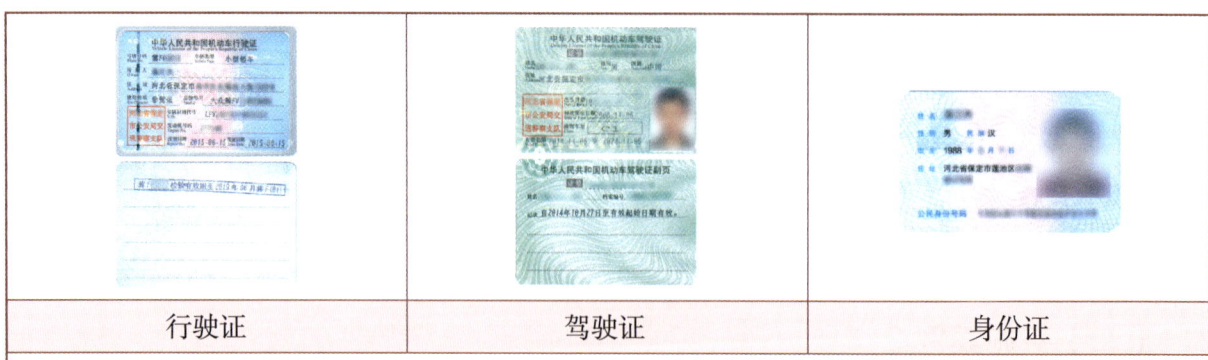

行驶证	驾驶证	身份证

该车辆于 2022 年购买，在 2022 年保险周期内发生 1 次双方道路交通事故、1 次单方道路交通事故，在 2023 年保险周期内未发生道路交通事故，计算 2024 年的保费。

交强险保费 =

（五）实施案例 5

各小组在组内进行汽车交强险的介绍，推荐同学为车辆购买汽车保险，根据下方给出的客户资料计算保费。

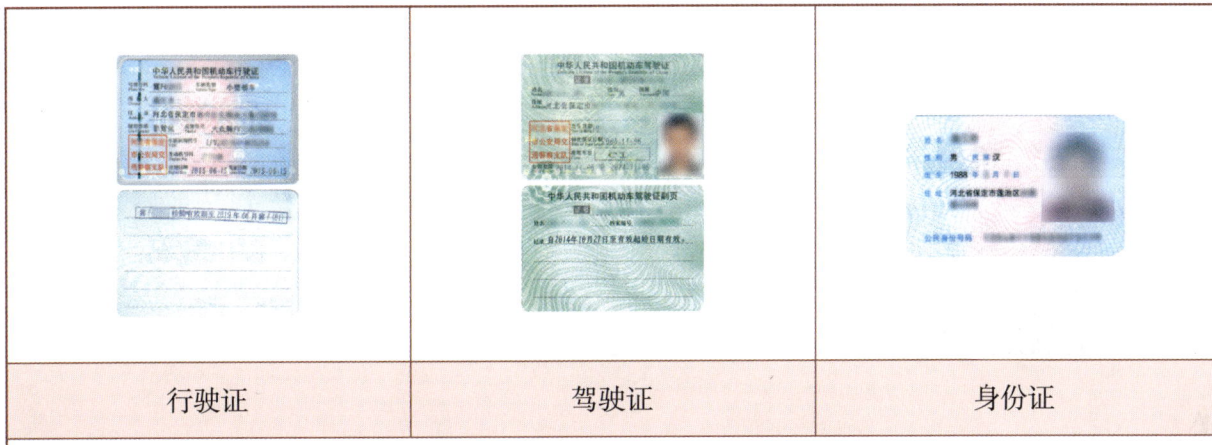

行驶证	驾驶证	身份证

该车辆于 2022 年购买，在 2022 年保险周期内发生 2 次单方道路交通事故，在 2023 年保险周期内发生 1 次单方道路交通事故，计算 2024 年的保费。

交强险保费 =

五、检查

（一）自检

结合本组任务实施过程，对任务执行过程中的规范性进行检查，检查实施过程中是否存在以下问题，填入表 1-4，分析讨论应如何避免并总结规范的工作方法。

表 1-4　　　　　　　　　　　　　　　　　自检

检查项目	检查结果
交强险的介绍是否正确	是□　否□
交强险基础保费计算是否正确	是□　否□
交强险购买金额是否正确	是□　否□

（二）互检

组与组之间相互检查，将检查结果填入表 1-5。

表 1-5 　　　　　　　　　　　　　　　互检

检查项目	检查结果
交强险的介绍是否正确	是□　否□
交强险基础保费计算是否正确	是□　否□
交强险购买金额是否正确	是□　否□

六、课堂小结

微课动画

为车辆承保任务工单			
客户信息	姓名		电话
车辆信息	车型	VIN	行驶里程 / km

任务描述

销售交强险 □	销售商业险主险 □	销售商业险附加险 □	制定投保方案 □
接听报案电话 □	现场查勘 □	记录事故现场 □	事故定损 □
理赔申请 □	赔款理算 □	承保 □	

其他：

✐ _____

_____

_____

车辆外观检查		车辆内部检查	
凹凸 □		污渍 □	
划痕 □		破损 □	
石击 □		色斑 □	
油漆 □		变形 □	

明确具体工作任务

✐ _____

_____

_____

任务目标	● 能够为客户办理汽车保险购买的相关事宜
	● 能够对承保车辆进行审核
	● 能够填写简易投保单

任务内容	● 掌握承保工作的流程
	● 对承保车辆及内容进行审核
	● 填写简易投保单

| **任务重点** | ● 对承保车辆进行审核 |
| | ● 填写简易投保单 |

| **任务难点** | ● 为车辆进行投保 |

一、知识讲解

1. 承保

车辆保险承保流程如下：

（1）展业

销售人员进行保险宣传、保险销售，为投保人制定投保方案。

（2）投保人投保

投保人确定投保方案，填写投保单。

（3）保险公司核保

保险公司对投保进行审核，确定是否承保，核定保险费率等。

（4）缮制及签单

保险人缮制保险单证，收取保险费并签发保险单证。

（5）批改

在保险单签发之后，进行保险合同的变更时，投保人通知保险公司进行批改。

（6）续保

保险期满以后，在同一保险人处重新办理汽车保险。

2. 保险公司核保

（1）保险公司核保的流程

审核投保单➡查证验车➡核定保险费率➡计算保费➡复核。

（2）投保人填写投保单

投保单是投保人向保险人申请订立保险合同的书面要约。填写投保单时需要注意：①用钢笔或签字笔填写；②由客户亲自填写或签字确认；③应如实填写各项内容；④应详细填写各项内容，不得空项。

（3）保险公司查证验车

保险公司查证时需要检查行驶证（新购车需要购车发票）和身份证。

保险公司验车所需检验的内容包括：检查车辆有无损伤；检查车辆的实际牌照、车型、发动机号、车架号、车身颜色是否与行驶证一致；检查车辆有无改装、加装等情况，若有，是否会影响车辆使用安全。

二、任务准备

在下列图片中勾选出完成本任务所需的物品。

行驶证	驾驶证	身份证	交强险保单
商业险保单	交强险基础保费表	交强险费率浮动比率表	简易投保单

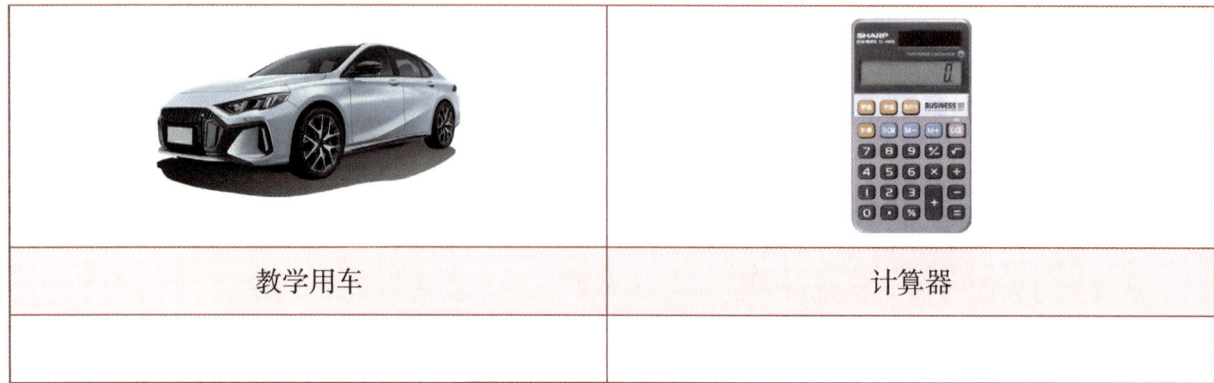	
教学用车	计算器

三、任务分配

任务分配见表2-1。

表 2-1　　　　　　　　　　　　　　任务分配

职务	代码	姓名	工作内容
组长	A		监督、管理组员工作
组员	B		准备实训资料
	C		
	D		领取所需物品
	E		

四、任务实施

（一）实施案例 1

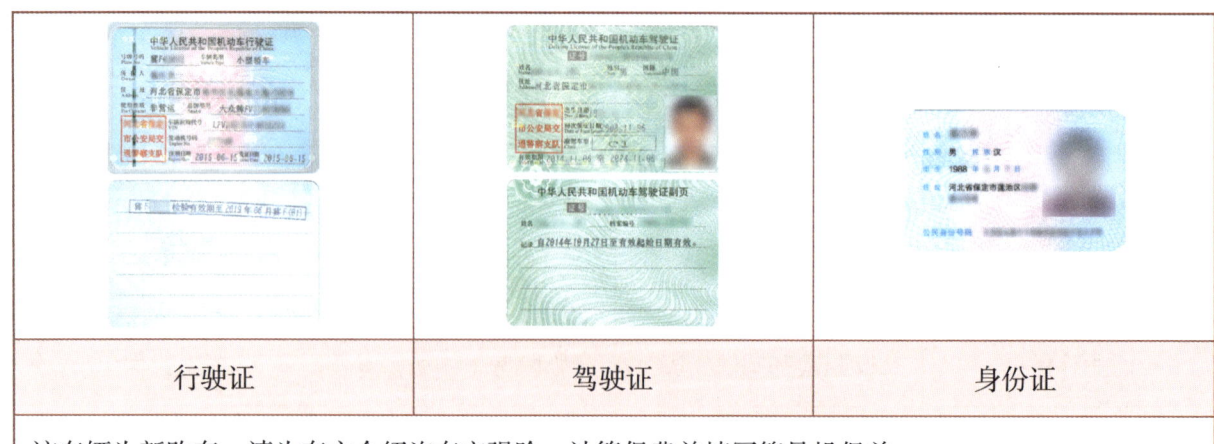		
行驶证	驾驶证	身份证
该车辆为新购车，请为车主介绍汽车交强险，计算保费并填写简易投保单。		

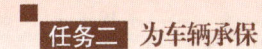

简易投保单

投保情况	新保 / 续保	□新保　□续保	上年投保公司	
	上年保险单号		到期时间	
投保人 / 被保险人				
身份证号			组织机构代码证	
联系人姓名			联系电话	
联系地址			邮政编码	
投保种类	□交通事故责任强制保险 □机动车商业保险		交强险承保公司	保险单号
车辆类型		车牌号码		购置时间

	投保险种	保险金额 / 责任限额 / 万元	保费 / 元
商业险险种	□机动车损失保险		
	□机动车第三者责任保险	□ 50　□ 100　□ 200	
	□机动车车上人员责任保险		
	□附加绝对免赔率特约条款		
	□附加车轮单独损失险		
	□附加新增加设备损失险		
	□附加车身划痕损失险		
	□附加修理期间费用补偿险		
	□附加发动机进水损坏除外特约条款		
	□附加车上货物责任险		
	□附加精神损害抚慰金责任险		
	□附加法定节假日限额翻倍险		
	□附加医保外医疗费用责任险		
	□附加机动车增值服务特约条款		

（二）实施案例 2

行驶证	驾驶证	身份证

该车辆于 2022 年购买，在 2022 年保险周期内未出现道路交通事故，在 2023 年保险周期内发生 2 次双方道路交通事故，请为车主介绍汽车交强险，计算 2024 年的保费并填写简易投保单。

简易投保单

投保情况	新保 / 续保	□新保　□续保	上年投保公司			
	上年保险单号		到期时间			
投保人 / 被保险人						
身份证号			组织机构代码证			
联系人姓名			联系电话			
联系地址					邮政编码	
投保种类	□交通事故责任强制保险 □机动车商业保险	交强险承保公司			保险单号	
车辆类型		车牌号码			购置时间	
商业险险种	投保险种		保险金额 / 责任限额 / 万元		保费 / 元	
	□机动车损失保险					
	□机动车第三者责任保险		□ 50　□ 100　□ 200			
	□机动车车上人员责任保险					
	□附加绝对免赔率特约条款					
	□附加车轮单独损失险					
	□附加新增加设备损失险					

投保险种	保险金额／责任限额／万元	保费／元
□附加车身划痕损失险		
□附加修理期间费用补偿险		
□附加发动机进水损坏除外特约条款		
商业险险种 □附加车上货物责任险		
□附加精神损害抚慰金责任险		
□附加法定节假日限额翻倍险		
□附加医保外医疗费用责任险		
□附加机动车增值服务特约条款		

（三）实施案例 3

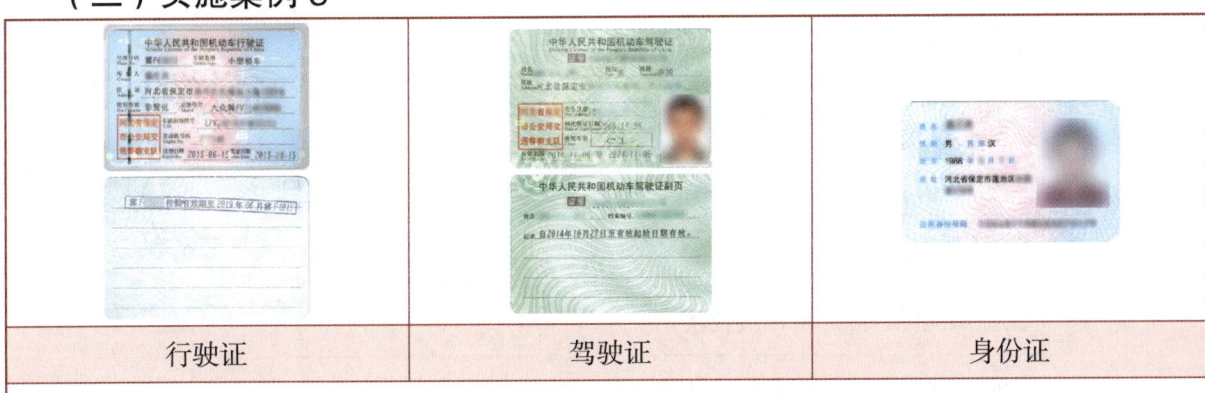

行驶证	驾驶证	身份证

该车辆于 2021 年购买，在 2021 年保险周期内发生 1 次双方道路交通事故，在 2022 年、2023 年保险周期内均未发生道路交通事故，请为车主介绍汽车交强险，计算 2024 年的保费，并填写简易投保单。

简易投保单

投保情况	新保／续保	□新保 □续保	上年投保公司	
	上年保险单号		到期时间	
投保人／被保险人				
身份证号			组织机构代码证	
联系人姓名			联系电话	
联系地址			邮政编码	
投保种类	□交通事故责任强制保险 □机动车商业保险	交强险承保公司		保险单号

车辆类型		车牌号码		购置时间	
商业险险种	投保险种		保险金额 / 责任限额 / 万元		保费 / 元
	□机动车损失保险				
	□机动车第三者责任保险		□ 50　□ 100　□ 200		
	□机动车车上人员责任保险				
	□附加绝对免赔率特约条款				
	□附加车轮单独损失险				
	□附加新增加设备损失险				
	□附加车身划痕损失险				
	□附加修理期间费用补偿险				
	□附加发动机进水损坏除外特约条款				
	□附加车上货物责任险				
	□附加精神损害抚慰金责任险				
	□附加法定节假日限额翻倍险				
	□附加医保外医疗费用责任险				
	□附加机动车增值服务特约条款				

（四）实施案例 4

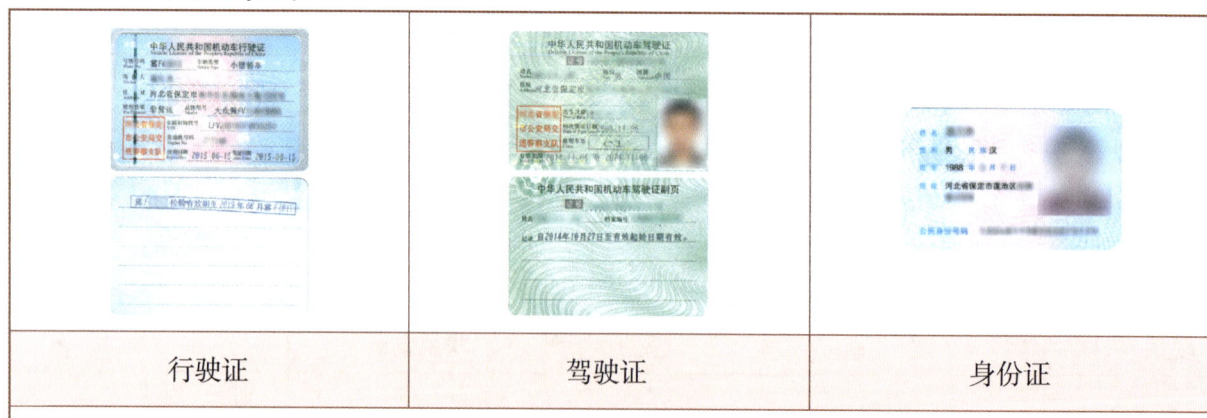

行驶证	驾驶证	身份证

该车辆于 2020 年购买，在 2020 年、2021 年保险周期内均未发生道路交通事故，在 2022 年保险周期内发生 2 次单方道路交通事故，在 2023 年保险周期内发生 1 次双方道路交通事故，请为车主介绍汽车交强险，计算 2024 年的保费，并填写简易投保单。

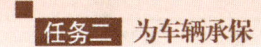

简易投保单

投保情况	新保 / 续保	□新保 □续保		上年投保公司		
	上年保险单号			到期时间		
投保人 / 被保险人						
身份证号				组织机构代码证		
联系人姓名				联系电话		
联系地址					邮政编码	
投保种类	□交通事故责任强制保险 □机动车商业保险		交强险承保公司		保险单号	
车辆类型			车牌号码		购置时间	

商业险险种	投保险种	保险金额 / 责任限额 / 万元	保费 / 元
	□机动车损失保险		
	□机动车第三者责任保险	□ 50 □ 100 □ 200	
	□机动车车上人员责任保险		
	□附加绝对免赔率特约条款		
	□附加车轮单独损失险		
	□附加新增加设备损失险		
	□附加车身划痕损失险		
	□附加修理期间费用补偿险		
	□附加发动机进水损坏除外特约条款		
	□附加车上货物责任险		
	□附加精神损害抚慰金责任险		
	□附加法定节假日限额翻倍险		
	□附加医保外医疗费用责任险		
	□附加机动车增值服务特约条款		

（五）实施案例 5

行驶证	驾驶证	身份证

该车辆于 2021 年购买，在 2021 年保险周期内发生 1 次单方道路交通事故，在 2022 年、2023 年保险周期内均未发生道路交通事故，请为车主介绍汽车交强险，计算 2024 年的保费并填写简易投保单。

简易投保单

投保情况	新保 / 续保	□新保　□续保	上年投保公司	
	上年保险单号		到期时间	
投保人 / 被保险人				
身份证号			组织机构代码证	
联系人姓名			联系电话	
联系地址			邮政编码	
投保种类	□交通事故责任强制保险 □机动车商业保险	交强险承保公司		保险单号
车辆类型		车牌号码		购置时间
商业险险种	投保险种		保险金额 / 责任限额 / 万元	保费 / 元
	□机动车损失保险			
	□机动车第三者责任保险		□ 50　□ 100　□ 200	
	□机动车车上人员责任保险			
	□附加绝对免赔率特约条款			
	□附加车轮单独损失险			
	□附加新增加设备损失险			

投保险种	保险金额 / 责任限额 / 万元	保费 / 元
□附加车身划痕损失险		
□附加修理期间费用补偿险		
□附加发动机进水损坏除外特约条款		
□附加车上货物责任险		
□附加精神损害抚慰金责任险		
□附加法定节假日限额翻倍险		
□附加医保外医疗费用责任险		
□附加机动车增值服务特约条款		

（说明：左侧竖列为"商业险险种"）

五、检查

（一）自检

结合本组任务实施过程，对任务执行过程中的规范性进行检查，检查实施过程中是否存在以下问题，填入表 2-2，分析讨论应如何避免并总结规范的工作方法。

表 2-2　　　　　　　　　　　　自检

检查项目	检查结果
是否按照正确的工作流程进行承保业务	是□　否□
在办理承保业务过程中所审查的内容是否正确、全面	是□　否□
简易投保单的填写是否正确	是□　否□

（二）互检

组与组之间相互检查，将检查结果填入表 2-3。

表 2-3　　　　　　　　　　　　互检

检查项目	检查结果
是否按照正确的工作流程进行承保业务	是□　否□
在办理承保业务过程中所审查的内容是否正确、全面	是□　否□
简易投保单的填写是否正确	是□　否□

六、课堂小结

微课动画

任务三 销售商业险主险（一）

销售商业险主险（一）任务工单——机动车损失保险			
客户信息	姓名		电话
车辆信息	车型	VIN	行驶里程 / km

任务描述	销售交强险 □　　销售商业险主险 □　　销售商业险附加险 □　　制定投保方案 □ 接听报案电话 □　　现场查勘 □　　记录事故现场 □　　事故定损 □ 理赔申请 □　　赔款理算 □　　承保 □ 其他： _____ _____ _____

车辆外观检查		车辆内部检查	
凹凸 □		污渍 □	
划痕 □		破损 □	
石击 □		色斑 □	
油漆 □		变形 □	

明确具体 工作任务	_____ _____ _____

- ● 能够为客户讲解商业险的险种分类和内容
- ● 能够计算商业险主险各险种的购买金额

任务目标
- ● 能够告知客户商业险各险种的赔偿原则和内容
- ● 能够为客户选择保险险种并签单

- ● 商业险主险所包含的险种
- ● 商业险主险中各险种的保障内容

任务内容
- ● 商业险主险中各险种的保障范围和赔付标准
- ● 商业险主险保费金额及计算公式
- ● 简易投保单的填写方法

- ● 商业险主险的险种和保障范围

任务重点
- ● 商业险主险中各险种的保费金额计算
- ● 商业险主险中各险种的赔偿范围和原则

任务难点
- ● 销售商业险主险

一、知识讲解

1. 商业险保费金额浮动费率

商业险保费金额浮动费率见表 3-1。

表 3-1 商业险保费金额浮动费率

出险次数	保费折扣
出险 1 次	不打折
出险 2 次	上浮 25%
出险 3 次	上浮 50%
出险 4 次	上浮 75%
出险 5 次	翻倍
一年内无出险	下调 15%
两年内无出险	下调 30%
三年内无出险	下调 40%

2. 商业险的分类

根据汽车保险新规内容，即汽车保险改革的内容，新的汽车保险险种见表 3-2。

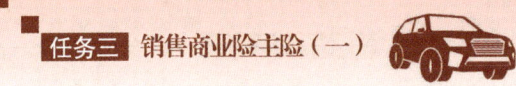

表 3-2　　　　　　　　　　　汽车保险险种

序号	保险分类	险种		
1	交强险	交强险		
2	商业险	主险	机动车第三者责任保险	
3			机动车车上人员责任保险	
4			机动车损失保险	原车损险
				盗抢险
				不计免赔特约险
				自燃损失险
				涉水险
				玻璃单独破碎险
				无法找到第三方特约险
5		附加险	附加法定节假日限额翻倍险	
6			附加医保外医疗费用责任险	
7			附加车身划痕损失险	
8			附加修理期间费用补偿险	
9			附加车上货物责任险	
10			附加绝对免赔率特约条款	
11			附加发动机进水损坏除外特约条款	
12			附加新增加设备损失险	
13			附加机动车增值服务特约条款	
14			附加车轮单独损失险	
15			附加精神损害抚慰金责任险	

3. 机动车损失保险

机动车损失保险指保险车辆遭受保险责任范围内的自然灾害或意外事故，造成保险车辆本身损失，保险人依据保险合同的规定给予赔偿。机动车辆损失保险可以单独投保购买。

机动车损失保险保费 = 基础保费 + 保险金额 × 费率

机动车损失保险对日常事故的赔偿处理方式如下：

对于全车损失，在保险金额内计算赔偿，但不得超过保险事故发生时被保险机动车的实际价值。

对于部分损失，在保险金额内按实际修理费用计算赔偿，但不得超过保险事故发生时被保险机动车的实际价值。

二、任务准备

在下列图片中勾选出完成本任务所需的物品。

行驶证	驾驶证	身份证	机动车损失保险基本费率表
机动车第三者责任保险基本费率表	简易投保单	教学用车	计算器

三、任务分配

任务分配见表3-3。

表 3-3 任务分配

职务	代码	姓名	工作内容
组长	A		监督、管理组员工作
组员	B		准备实训资料
	C		
	D		领取所需物品
	E		

四、任务实施

（一）实施案例 1

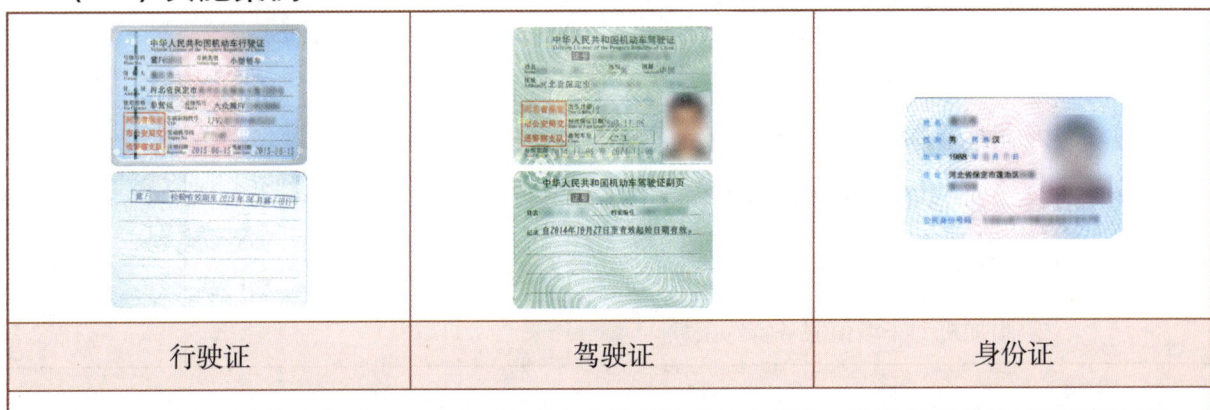

行驶证	驾驶证	身份证

该车辆为新购车，购车金额为 15 万元，请为车主推荐购买汽车保险，计算保费并填写简易投保单。

简易投保单

投保情况	新保 / 续保	□新保 □续保	上年投保公司	
	上年保险单号		到期时间	
投保人 / 被保险人				
身份证号			组织机构代码证	
联系人姓名			联系电话	
联系地址			邮政编码	

投保种类	□交通事故责任强制保险 □机动车商业保险	交强险承保公司		保险单号	
车辆类型		车牌号码		购置时间	

	投保险种	保险金额/责任限额/万元	保费/元
商业险险种	□机动车损失保险		
	□机动车第三者责任保险	□50　□100　□200	
	□机动车车上人员责任保险		
	□附加绝对免赔率特约条款		
	□附加车轮单独损失险		
	□附加新增加设备损失险		
	□附加车身划痕损失险		
	□附加修理期间费用补偿险		
	□附加发动机进水损坏除外特约条款		
	□附加车上货物责任险		
	□附加精神损害抚慰金责任险		
	□附加法定节假日限额翻倍险		
	□附加医保外医疗费用责任险		
	□附加机动车增值服务特约条款		

（二）实施案例 2

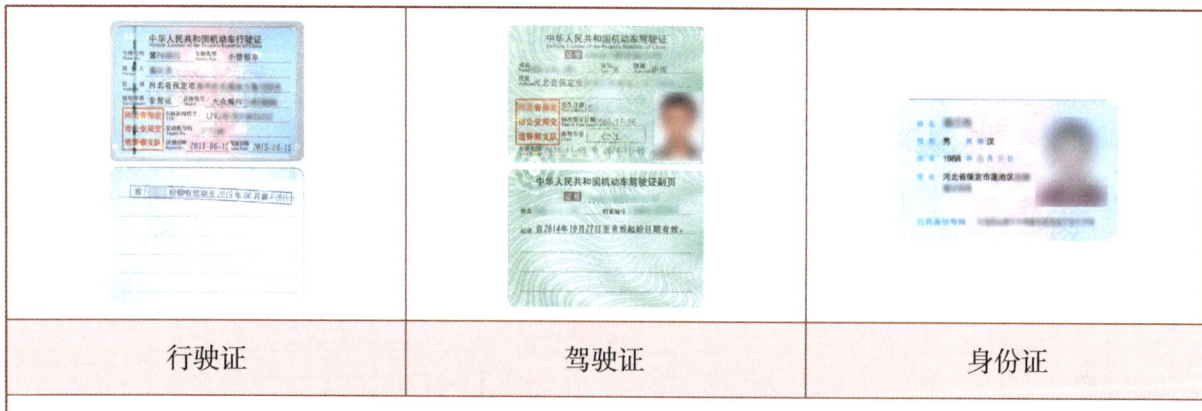

行驶证	驾驶证	身份证

该车辆于 2022 年购买，购车金额为 12.8 万元，在 2022 年保险周期内发生 3 次双方道路交通事故，在 2023 年保险周期内发生 2 次双方道路交通事故，请为车主推荐购买汽车保险，计算 2024 年的保费并填写简易投保单。

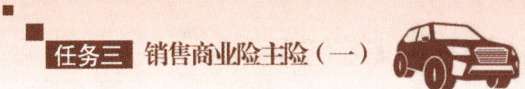

简易投保单

投保情况	新保 / 续保	□新保 □续保	上年投保公司	
	上年保险单号		到期时间	

投保人 / 被保险人	

身份证号		组织机构代码证	

联系人姓名		联系电话	

联系地址		邮政编码	

投保种类	□交通事故责任强制保险 □机动车商业保险	交强险承保公司		保险单号	

车辆类型		车牌号码		购置时间	

商业险险种	投保险种	保险金额 / 责任限额 / 万元	保费 / 元
	□机动车损失保险		
	□机动车第三者责任保险	□ 50　□ 100　□ 200	
	□机动车车上人员责任保险		
	□附加绝对免赔率特约条款		
	□附加车轮单独损失险		
	□附加新增加设备损失险		
	□附加车身划痕损失险		
	□附加修理期间费用补偿险		
	□附加发动机进水损坏除外特约条款		
	□附加车上货物责任险		
	□附加精神损害抚慰金责任险		
	□附加法定节假日限额翻倍险		
	□附加医保外医疗费用责任险		
	□附加机动车增值服务特约条款		

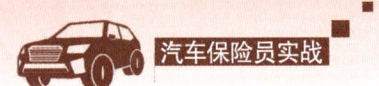
（三）实施案例 3

行驶证	驾驶证	身份证

该车辆于 2022 年购买，购车金额为 9.8 万元，在 2022 年保险周期内发生 1 次双方道路交通事故，在 2023 年保险周期内未发生道路交通事故，请为车主推荐购买汽车保险，计算 2024 年的保费并填写简易投保单。

简易投保单

投保情况	新保 / 续保	□新保　□续保	上年投保公司		
	上年保险单号		到期时间		
投保人 / 被保险人					
身份证号			组织机构代码证		
联系人姓名			联系电话		
联系地址				邮政编码	
投保种类	□交通事故责任强制保险 □机动车商业保险	交强险承保公司		保险单号	
车辆类型		车牌号码		购置时间	
商业险险种	投保险种		保险金额 / 责任限额 / 万元		保费 / 元
	□机动车损失保险				
	□机动车第三者责任保险		□ 50　□ 100　□ 200		
	□机动车车上人员责任保险				
	□附加绝对免赔率特约条款				
	□附加车轮单独损失险				
	□附加新增加设备损失险				

商业险险种	投保险种	保险金额 / 责任限额 / 万元	保费 / 元
	□附加车身划痕损失险		
	□附加修理期间费用补偿险		
	□附加发动机进水损坏除外特约条款		
	□附加车上货物责任险		
	□附加精神损害抚慰金责任险		
	□附加法定节假日限额翻倍险		
	□附加医保外医疗费用责任险		
	□附加机动车增值服务特约条款		

（四）实施案例 4

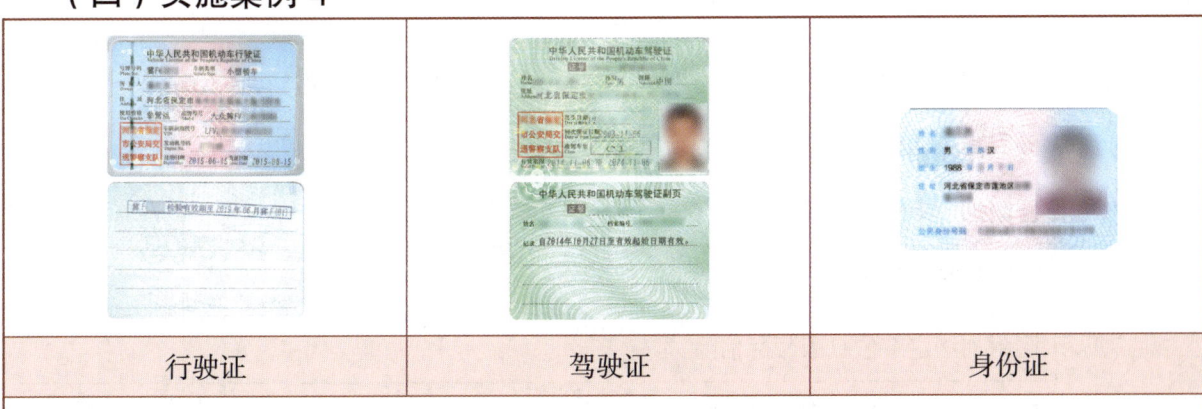

行驶证	驾驶证	身份证

该车辆于 2020 年购买，购车金额为 13.8 万元，在 2020 年保险周期内发生 2 次双方道路交通事故，在（ 2021－2023 年）保险周期内均未发生道路交通事故，请为车主推荐购买汽车保险，计算 2024 年的保费并填写简易投保单。

简易投保单

投保情况	新保 / 续保	□新保 □续保	上年投保公司	
	上年保险单号		到期时间	
投保人 / 被保险人				
身份证号			组织机构代码证	
联系人姓名			联系电话	
联系地址			邮政编码	

投保种类	□交通事故责任强制保险 □机动车商业保险		交强险承保公司		保险单号	
车辆类型			车牌号码		购置时间	
商业险险种	投保险种		保险金额／责任限额／万元			保费／元
	□机动车损失保险					
	□机动车第三者责任保险		□50　□100　□200			
	□机动车车上人员责任保险					
	□附加绝对免赔率特约条款					
	□附加车轮单独损失险					
	□附加新增加设备损失险					
	□附加车身划痕损失险					
	□附加修理期间费用补偿险					
	□附加发动机进水损坏除外特约条款					
	□附加车上货物责任险					
	□附加精神损害抚慰金责任险					
	□附加法定节假日限额翻倍险					
	□附加医保外医疗费用责任险					
	□附加机动车增值服务特约条款					

五、检查

（一）自检

结合本组任务实施过程，对任务执行过程中的规范性进行检查，检查实施过程中是否存在以下问题，填入表3-4，分析讨论应如何避免并总结规范的工作方法。

表3-4　　　　　　　　　　　　　自检

检查项目	检查结果
商业险的介绍是否正确	是□　否□
商业险保费计算是否正确	是□　否□

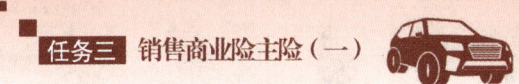

续表

检查项目	检查结果
商业险销售签单流程是否正确、完整	是□　否□

（二）互检

组与组之间相互检查，将检查结果填入表 3-5。

表 3-5　　　　　　　　　　　　　　互检

检查项目	检查结果
商业险的介绍是否正确	是□　否□
商业险保费计算是否正确	是□　否□
商业险销售签单流程是否正确、完整	是□　否□

六、课堂小结

微课动画

销售商业险主险（二）任务工单——机动车第三者责任保险与机动车车上人员责任保险			
客户信息	姓名		电话
车辆信息	车型	VIN	行驶里程 / km

任务描述	销售交强险 □　　销售商业险主险 □　　销售商业险附加险 □　　制定投保方案 □ 接听报案电话 □　　现场查勘 □　　记录事故现场 □　　事故定损 □ 理赔申请 □　　赔款理算 □　　承保 □ 其他： ✒＿＿＿＿＿＿＿＿＿＿＿＿＿＿＿＿＿＿＿＿＿ ＿＿＿＿＿＿＿＿＿＿＿＿＿＿＿＿＿＿＿＿＿＿ ＿＿＿＿＿＿＿＿＿＿＿＿＿＿＿＿＿＿＿

车辆外观检查		车辆内部检查	
凹凸 □		污渍 □	
划痕 □		破损 □	
石击 □		色斑 □	
油漆 □		变形 □	

明确具体 工作任务	✒＿＿＿＿＿＿＿＿＿＿＿＿＿＿＿＿＿＿＿＿＿＿＿＿＿ ＿＿＿＿＿＿＿＿＿＿＿＿＿＿＿＿＿＿＿＿＿＿＿＿＿＿ ＿＿＿＿＿＿＿＿＿＿＿＿＿＿＿＿＿＿＿＿＿＿＿＿＿＿

- 能够为客户讲解商业险的险种分类和内容
- 能够计算商业险主险各险种的购买金额
- 能够告知客户商业险各险种的赔偿原则和内容
- 能够为客户选择保险险种并签单

任务目标

- 商业险主险所包含的险种
- 商业险主险中各险种的保障内容
- 商业险主险中各险种的保障和赔付标准
- 商业险主险保费金额及计算公式
- 简易投保单的填写方法

任务内容

- 商业险主险的险种和保障范围
- 商业险主险中各险种的保费金额计算
- 商业险主险中各险种赔偿范围和原则

任务重点

任务难点

- 销售商业险主险

一、知识讲解

1. 机动车第三者责任保险

机动车第三者责任保险指在保险期内，被保险人或其允许的驾驶人在使用被保险机动车过程中发生意外事故，致使第三者遭受人身伤亡或财产直接损毁，依法应当对第三者承担的损害赔偿责任，且不属于免除保险人责任的范围，保险人依照本保险合同的约定，对于超过机动车交通事故责任强制保险各分项赔偿限额的部分负责赔偿。。

机动车第三者责任保险保费 = 相应档次固定保费

机动车第三者责任保险保费见表 4-1。

表 4-1　　　　　　　　　　　　机动车第三者责任保险保费

车辆类型	保险金额为 5 万元	保险金额为 10 万元	保险金额为 15 万元	保险金额为 20 万元	保险金额为 30 万元	保险金额为 50 万元	保险金额为 100 万元
6 座以下	638	920	1 049	1 141	1 288	1 546	2 012
6~10 座	590	831	941	1 014	1 135	1 352	1 760
10 座以上	590	831	941	1 014	1 135	1 352	1 760

2. 机动车车上人员责任保险

保险期间内，被保险人或其允许的驾驶人在使用被保险机动车过程中发生意外事故，致使车上人员遭受人身伤亡，且不属于免除保险人责任的范围，依法应当对车上人员承担

的损害赔偿责任，保险人依照本保险合同的约定负责赔偿。

机动车车上人员责任保险保险金额由被保险人和保险公司协商确定，一般每个座位保额按 1 万 ~10 万元确定。驾驶人和乘客的投保人数一般不超过保险车辆行驶证的核定座位数。

驾驶人或乘客的车上人员责任保险保费 = 每座位赔偿限额 × 投保座位权 × 费率（表 4-2）

表 4-2　　　　　　　　　　机动车车上人员责任保险费率

车辆类型	驾驶人 / %	乘客 / %
6 座以下	0.42	0.27
6~10 座	0.4	0.26
10 座以上	0.4	0.26

机动车车上人员责任保险事故赔偿责任：驾驶人每次事故责任限额和乘客每次事故个人责任限额由投保人和保险人在投保时协商确定。投保乘客座位数按照被保险机动车的核定载客数（驾驶人座位除外）确定。

二、任务准备

在下列图片中勾选出完成本任务所需的物品。

行驶证	驾驶证	身份证	计算器
教学用车	机动车损失保险基本费率表	机动车第三者责任保险保费表	简易投保单

	盗抢险基本费率表		
机动车车上人员责任保险费率表	车辆类型	基础保费	费率
	6座以下	120	0.49
	6～10座	140	0.44
	10座以上	140	0.44
机动车车上人员责任保险费率表	盗抢险基本费率表		

机动车车上人员责任保险费率表

车辆类型	驾驶人（%）	乘客（%）
6座以下	0.42	0.27
6～10座	0.4	0.26
10座以上	0.4	0.26

三、任务分配

任务分配见表4-3。

表 4-3　　　　　　　　　　　　　　　　任务分配

职务	代码	姓名	工作内容
组长	A		监督、管理组员工作
组员	B		准备实训资料
	C		
	D		领取所需物品
	E		

四、任务实施

（一）实施案例 1

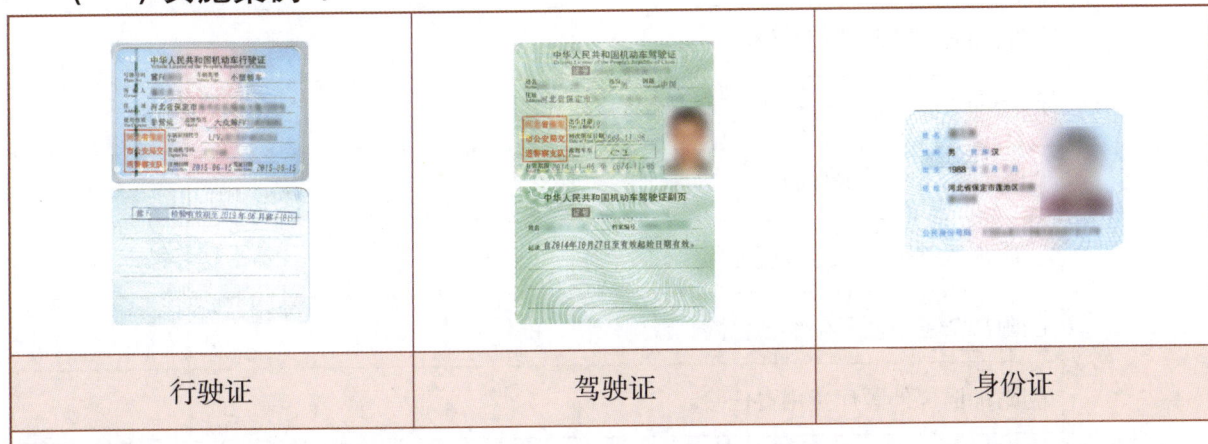

行驶证	驾驶证	身份证

该车辆为新购车，购车金额为 12 万元，请为车主推荐购买汽车保险，计算保费并填写简易投保单。

简易投保单

投保情况	新保 / 续保		□新保　□续保	上年投保公司	
	上年保险单号			到期时间	
投保人 / 被保险人					
身份证号				组织机构代码证	
联系人姓名				联系电话	
联系地址				邮政编码	
投保种类	□交通事故责任强制保险 □机动车商业保险		交强险承保公司		保险单号
车辆类型			车牌号码		购置时间

	投保险种	保险金额 / 责任限额 / 万元	保费 / 元
商业险险种	□机动车损失保险		
	□机动车第三者责任保险	□ 50　□ 100　□ 200	
	□机动车车上人员责任保险		
	□附加绝对免赔率特约条款		
	□附加车轮单独损失险		
	□附加新增加设备损失险		
	□附加车身划痕损失险		
	□附加修理期间费用补偿险		
	□附加发动机进水损坏除外特约条款		
	□附加车上货物责任险		
	□附加精神损害抚慰金责任险		
	□附加法定节假日限额翻倍险		
	□附加医保外医疗费用责任险		
	□附加机动车增值服务特约条款		

（二）实施案例 2

行驶证	驾驶证	身份证

该车辆于 2022 年购买，购车金额为 13.8 万元，在 2022 年保险周期内发生 2 次单方道路交通事故，在 2023 年保险周期内发生 3 次单方道路交通事故，请为车主推荐购买汽车保险，计算 2024 年的保费并填写简易投保单。

简易投保单

投保情况	新保 / 续保	□新保 □续保	上年投保公司	
	上年保险单号		到期时间	
投保人 / 被保险人				
身份证号			组织机构代码证	
联系人姓名			联系电话	
联系地址			邮政编码	
投保种类	□交通事故责任强制保险 □机动车商业保险	交强险承保公司		保险单号	
车辆类型		车牌号码		购置时间	

商业险险种	投保险种	保险金额 / 责任限额 / 万元	保费 / 元
	□机动车损失保险		
	□机动车第三者责任保险	□ 50　□ 100　□ 200	
	□机动车车上人员责任保险		
	□附加绝对免赔率特约条款		
	□附加车轮单独损失险		
	□附加新增加设备损失险		

商业险险种	投保险种	保险金额 / 责任限额 / 万元	保费 / 元
	□附加车身划痕损失险		
	□附加修理期间费用补偿险		
	□附加发动机进水损坏除外特约条款		
	□附加车上货物责任险		
	□附加精神损害抚慰金责任险		
	□附加法定节假日限额翻倍险		
	□附加医保外医疗费用责任险		
	□附加机动车增值服务特约条款		

（三）实施案例 3

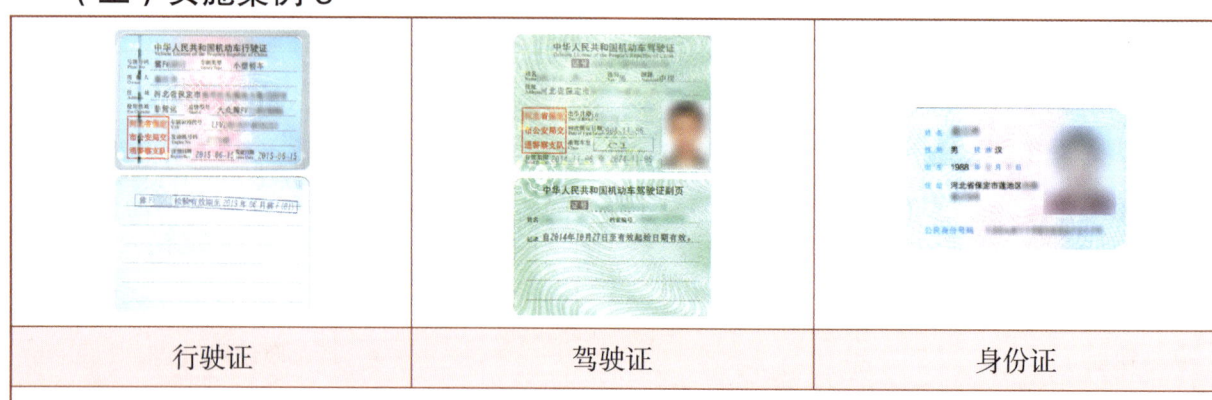

行驶证	驾驶证	身份证

该车辆于 2020 年购买，购车金额为 11.8 万元，在 2020 年保险周期内发生 2 次双方道路交通事故，在 2021 年～2023 年保险周期内均未发生道路交通事故，请为车主推荐购买汽车保险，计算 2024 年的保费并填写简易投保单。

简易投保单

投保情况	新保 / 续保	□新保 □续保	上年投保公司	
	上年保险单号		到期时间	
投保人 / 被保险人				
身份证号			组织机构代码证	
联系人姓名			联系电话	
联系地址			邮政编码	

投保种类	□交通事故责任强制保险 □机动车商业保险	交强险承保公司		保险单号	
车辆类型		车牌号码		购置时间	
商业险险种	投保险种		保险金额／责任限额／万元		保费／元
	□机动车损失保险				
	□机动车第三者责任保险		□50 □100 □200		
	□机动车车上人员责任保险				
	□附加绝对免赔率特约条款				
	□附加车轮单独损失险				
	□附加新增加设备损失险				
	□附加车身划痕损失险				
	□附加修理期间费用补偿险				
	□附加发动机进水损坏除外特约条款				
	□附加车上货物责任险				
	□附加精神损害抚慰金责任险				
	□附加法定节假日限额翻倍险				
	□附加医保外医疗费用责任险				
	□附加机动车增值服务特约条款				

（四）实施案例 4

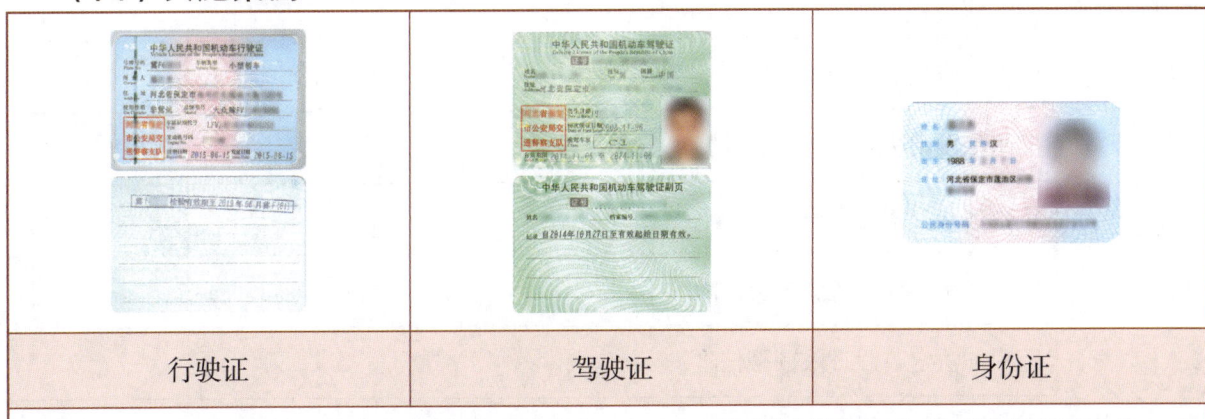

行驶证	驾驶证	身份证

该车辆于 2021 年购买，购车金额为 14.5 万元，在 2021 年保险周期内未发生道路交通事故，在 2022 年保险周期内发生 2 次双方道路交通事故，在 2023 年保险周期内发生 1 次双方道路交通事故，请为车主推荐购买汽车保险，计算 2024 年的保费并填写简易投保单。

简易投保单

投保情况	新保/续保	□新保 □续保		上年投保公司	
	上年保险单号			到期时间	
投保人/被保险人					
身份证号			组织机构代码证		
联系人姓名			联系电话		
联系地址				邮政编码	
投保种类	□交通事故责任强制保险 □机动车商业保险	交强险承保公司		保险单号	
车辆类型		车牌号码		购置时间	

商业险险种	投保险种	保险金额/责任限额/万元	保费/元
	□机动车损失保险		
	□机动车第三者责任保险	□ 50 □ 100 □ 200	
	□机动车车上人员责任保险		
	□附加绝对免赔率特约条款		
	□附加车轮单独损失险		
	□附加新增加设备损失险		
	□附加车身划痕损失险		
	□附加修理期间费用补偿险		
	□附加发动机进水损坏除外特约条款		
	□附加车上货物责任险		
	□附加精神损害抚慰金责任险		
	□附加法定节假日限额翻倍险		
	□附加医保外医疗费用责任险		
	□附加机动车增值服务特约条款		

（五）实施案例 5

行驶证	驾驶证	身份证

该车辆于 2023 年购买，购车金额为 14.5 万元，在 2023 年保险周期内发生 3 次单方道路交通事故，请为车主推荐购买汽车保险，计算 2024 年的保费并填写简易投保单。

简易投保单

投保情况	新保 / 续保	□新保 □续保	上年投保公司		
	上年保险单号		到期时间		
投保人 / 被保险人					
身份证号			组织机构代码证		
联系人姓名			联系电话		
联系地址				邮政编码	
投保种类	□交通事故责任强制保险 □机动车商业保险	交强险承保公司		保险单号	
车辆类型		车牌号码		购置时间	
商业险险种	投保险种		保险金额 / 责任限额 / 万元		保费 / 元
	□机动车损失保险				
	□机动车第三者责任保险		□ 50　□ 100　□ 200		
	□机动车车上人员责任保险				
	□附加绝对免赔率特约条款				
	□附加车轮单独损失险				
	□附加新增加设备损失险				

投保险种	保险金额 / 责任限额 / 万元	保费 / 元
□附加车身划痕损失险		
□附加修理期间费用补偿险		
□附加发动机进水损坏除外特约条款		
□附加车上货物责任险		
□附加精神损害抚慰金责任险		
□附加法定节假日限额翻倍险		
□附加医保外医疗费用责任险		
□附加机动车增值服务特约条款		

（商业险险种列于表格左侧）

五、检查

（一）自检

结合本组任务实施过程，对任务执行过程中的规范性进行检查，检查实施过程中是否存在以下问题，填入表 4-4，分析讨论应如何避免并总结规范的工作方法。

表 4-4　　　　　　　　　　　　　　　自检

检查项目	检查结果
商业险的介绍是否正确	是□　否□
商业险保费计算是否正确	是□　否□
商业险销售签单流程是否正确、完整	是□　否□

（二）互检

组与组之间相互检查，将检查结果填入表 4-5。

表 4-5　　　　　　　　　　　　　　　互检

检查项目	检查结果
商业险的介绍是否正确	是□　否□
商业险保费计算是否正确	是□　否□
商业险销售签单流程是否正确、完整	是□　否□

六、课堂小结

微课动画

任务五 销售商业险附加险

销售商业险附加险任务工单			
客户信息 姓名		电话	

车辆信息	车型	VIN	行驶里程 / km

任务描述	销售交强险 ☐ 销售商业险主险 ☐ 销售商业险附加险 ☐ 制定投保方案 ☐ 接听报案电话 ☐ 现场查勘 ☐ 记录事故现场 ☐ 事故定损 ☐ 理赔申请 ☐ 赔款理算 ☐ 承保 ☐ 其他： ✒_____ _____ _____

车辆外观检查		车辆内部检查	
凹凸 ☐		污渍 ☐	
划痕 ☐		破损 ☐	
石击 ☐		色斑 ☐	
油漆 ☐		变形 ☐	

明确具体 工作任务	✒_____ _____ _____

任务目标
- 能够为客户讲解商业险附加险的内容
- 能够计算各险种购买的保险费用
- 能够使客户了解各险种的理赔处理原则
- 能够为客户选择保险险种并签单

任务内容
- 商业险附加险险种
- 各种附加险种的保障内容和理赔原则
- 各种附加险种的购买原则和保费计算方法

任务重点
- 商业险附加险的险种和保障范围
- 商业险附加险各险种的购买金额计算方法
- 商业险附加险的赔偿范围和原则

任务难点
- 销售商业险附加险

一、知识讲解

附加险条款的法律效力优于主险条款。附加险条款未尽事宜，以主险条款为准。除附加险条款另有约定外，主险中的责任免除、双方义务同样适用于附加险。主险保险责任终止的，其相应的附加险保险责任同时终止。

1. 附加险险种

（1）附加绝对免赔率特约条款。

（2）附加车轮单独损失险。

（3）附加新增加设备损失险。

（4）附加车身划痕损失险。

（5）附加修理期间费用补偿险。

（6）附加发动机进水损坏除外特约条款。

（7）附加车上货物责任险。

（8）附加精神损害抚慰金责任险。

（9）附加法定节假日限额翻倍险。

（10）附加医保外医疗费用责任险。

（11）附加机动车增值服务特约条款。

2. 附加绝对免赔率特约条款

被保险机动车发生主险约定的保险事故，保险人按照主险的约定计算赔偿后，扣减本特约条款约定的免赔。即

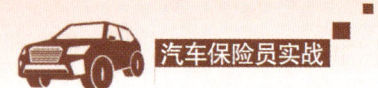

主险实际赔款＝按主险约定计算的赔款 × （1－绝对免赔率）

绝对免赔率为 5%、10%、15%、20%，由投保人和保险人在投保时协商确定，具体以保险单载明为准。

3. 附加车轮单独损失险

（1）投保条件

投保了机动车损失保险的机动车，可投保本附加险。

（2）保险责任

保险期间内，被保险人或保险机动车驾驶人在使用被保险机动车过程中，因自然灾害、意外事故而导致被保险机动车未发生其他部位的损失，仅有车轮（含轮胎、轮毂、轮毂罩）单独的直接损失，且不属于免除保险人责任的范围，保险人依照本附加险合同的约定负责赔偿。

（3）责任免除

车轮（含轮胎、轮毂、轮毂罩）的自然磨损、腐蚀、故障、本身质量缺陷；未发生全车盗抢，仅车轮单独丢失。

（4）赔偿处理

发生保险事故后，保险人依据本条款约定在保险责任范围内承担赔偿责任。赔偿方式由保险人与被保险人协商确定。即

赔偿金额＝实际维修费用－被保险人已从第三方获得的赔偿金额

在保险期间内，累计赔偿金额达到保险金额，本附加保险责任终止。

4. 附加法定节假日限额翻倍险

（1）投保条件

投保了机动车第三者责任保险的家庭自用汽车，可投保本附加险。

（2）保险责任

保险期间内，被保险人或其允许的驾驶人在法定节假日期间使用被保险机动车发生机动车第三者责任保险范围内的事故，并经公安部门或保险人查勘确认的，被保险机动车第三者责任保险所适用的责任限额在保险单载明的基础上增加一倍。

5. 附加车身划痕损失险

（1）附加车身划痕损失险通常适用于人为、恶意的划痕。例如，车辆停放在小区时，被人用锐器将车身油漆划坏，这种情况下如果购买了该险种就能得到理赔。车辆在行驶过程中因意外事故造成的划痕则属于机动车损失保险的赔付范围。

（2）附加车身划痕损失险保费根据保额不同查阅费率表确定（表5-1）。

表 5-1 附加车身划痕损失险保费

车龄	保额 / 元	保费 / 元		
		新车购置价在30 万元以下	新车购置价为30 万 ~50 万元	新车购置价在50 万元以上
2 年以下	2 000	400	585	850
	5 000	570	900	1 100
	10 000	760	1 170	1 500
	20 000	1 140	1 780	2 250
2 年以上	2 000	610	900	1 100
	5 000	850	1 350	1 500
	10 000	1 300	1 800	2 000
	20 000	1 900	2 600	3 000

（3）附加车身划痕损失险的赔偿处理措施如下：

① 在保险金额内按实际修理费用计算赔偿。

② 每次赔偿实行 15% 的免赔率。

③ 在保险期间内，累计赔款金额达到保险金额，本附加险保险责任终止。

二、任务准备

在下列图片中勾选出完成本任务所需的物品。

行驶证	驾驶证	身份证	计算器
教学用车	附加车身划痕损失险保费表	不计免赔特约险基本费率表	简易投保单

玻璃单独破碎险基本费率表		
车辆类型	国产玻璃（%）	进口玻璃（%）
6座以下	0.2	0.33
6~10座	0.2	0.33
10座以上	0.24	0.4

自燃损失险基本费率表			
年限	1年以下	1-2年	2-6年	6年以上
费率	0.15%	0.18%	0.2%	0.23%

玻璃单独破碎险基本费率表	自燃损失险基本费率表

三、任务分配

任务分配见表5-2。

表 5-2　　　　　　　　　　　　　　　任务分配

职务	代码	姓名	工作内容
组长	A		监督、管理组员工作
组员	B		准备实训资料
	C		
	D		领取所需物品
	E		

四、任务实施

（一）实施案例 1

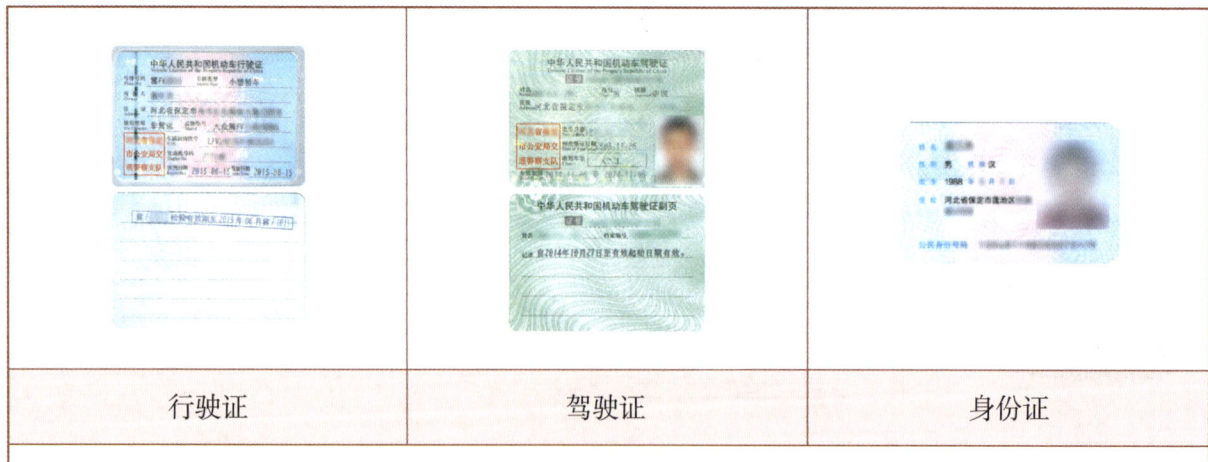

行驶证	驾驶证	身份证

该车辆为新购车，购车金额为 13.8 万元，请为车主推荐购买汽车保险，计算保费并填写简易投保单。

简易投保单

投保情况	新保 / 续保	□新保 □续保	上年投保公司			
	上年保险单号		到期时间			

投保人 / 被保险人					

身份证号			组织机构代码证		

联系人姓名			联系电话		

联系地址				邮政编码	

投保种类	□交通事故责任强制保险 □机动车商业保险	交强险承保公司		保险单号	

车辆类型		车牌号码		购置时间	

商业险险种	投保险种	保险金额 / 责任限额 / 万元	保费 / 元
	□机动车损失保险		
	□机动车第三者责任保险	□ 50 □ 100 □ 200	
	□机动车车上人员责任保险		
	□附加绝对免赔率特约条款		
	□附加车轮单独损失险		
	□附加新增加设备损失险		
	□附加车身划痕损失险		
	□附加修理期间费用补偿险		
	□附加发动机进水损坏除外特约条款		
	□附加车上货物责任险		
	□附加精神损害抚慰金责任险		
	□附加法定节假日限额翻倍险		
	□附加医保外医疗费用责任险		
	□附加机动车增值服务特约条款		

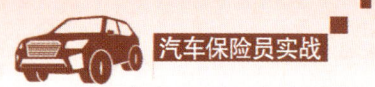
（二）实施案例 2

行驶证	驾驶证	身份证

该车辆于 2022 年购买，购车金额为 15 万元，在 2022 年保险周期内未发生道路交通事故，在 2023 年保险周期内发生 1 次单方道路交通事故，请为车主推荐购买汽车保险，计算 2024 年的保费并填写简易投保单。

简易投保单

投保情况	新保 / 续保	□新保 □续保	上年投保公司	
	上年保险单号		到期时间	
投保人 / 被保险人				
身份证号			组织机构代码证	
联系人姓名			联系电话	
联系地址			邮政编码	
投保种类	□交通事故责任强制保险 □机动车商业保险	交强险承保公司		保险单号
车辆类型		车牌号码		购置时间

	投保险种	保险金额 / 责任限额 / 万元	保费 / 元
商业险险种	□机动车损失保险		
	□机动车第三者责任保险	□ 50 □ 100 □ 200	
	□机动车车上人员责任保险		
	□附加绝对免赔率特约条款		
	□附加车轮单独损失险		
	□附加新增加设备损失险		

	投保险种	保险金额 / 责任限额 / 万元	保费 / 元
商业险险种	□附加车身划痕损失险		
	□附加修理期间费用补偿险		
	□附加发动机进水损坏除外特约条款		
	□附加车上货物责任险		
	□附加精神损害抚慰金责任险		
	□附加法定节假日限额翻倍险		
	□附加医保外医疗费用责任险		
	□附加机动车增值服务特约条款		

（三）实施案例 3

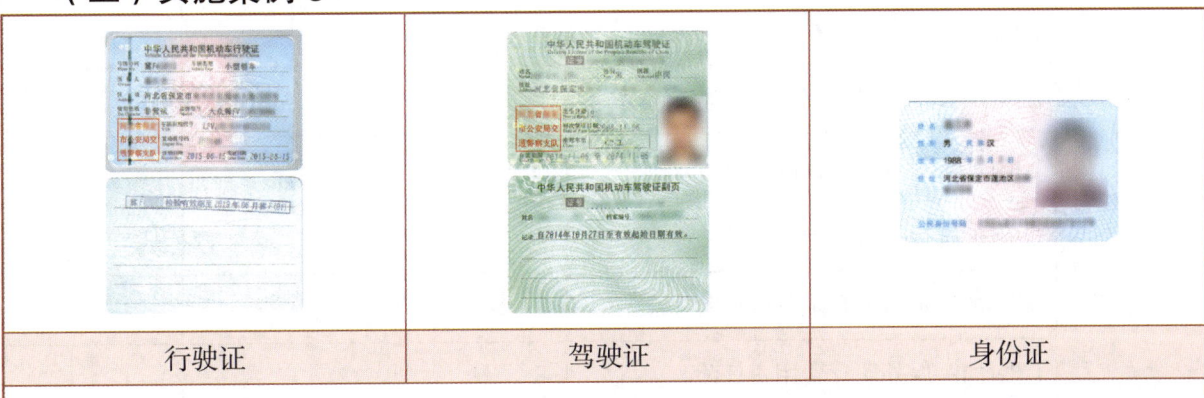

行驶证	驾驶证	身份证

该车辆于 2021 年购买，购车金额为 12.5 万元，在 2021 年保险周期内发生 2 次双方道路交通事故，在 2022 年保险周期内未发生道路交通事故，在 2023 年保险周期内发生 1 次单方道路交通事故，请为车主推荐购买汽车保险，计算 2024 年的保费并填写简易投保单。

简易投保单

投保情况	新保 / 续保	□新保　□续保	上年投保公司		
	上年保险单号		到期时间		
投保人 / 被保险人					
身份证号			组织机构代码证		
联系人姓名			联系电话		
联系地址				邮政编码	
投保种类	□交通事故责任强制保险 □机动车商业保险		交强险承保公司	保险单号	

车辆类型		车牌号码		购置时间	
商业险险种	投保险种	保险金额 / 责任限额 / 万元		保费 / 元	
	□机动车损失保险				
	□机动车第三者责任保险	□ 50 □ 100 □ 200			
	□机动车车上人员责任保险				
	□附加绝对免赔率特约条款				
	□附加车轮单独损失险				
	□附加新增加设备损失险				
	□附加车身划痕损失险				
	□附加修理期间费用补偿险				
	□附加发动机进水损坏除外特约条款				
	□附加车上货物责任险				
	□附加精神损害抚慰金责任险				
	□附加法定节假日限额翻倍险				
	□附加医保外医疗费用责任险				
	□附加机动车增值服务特约条款				

（四）实施案例 4

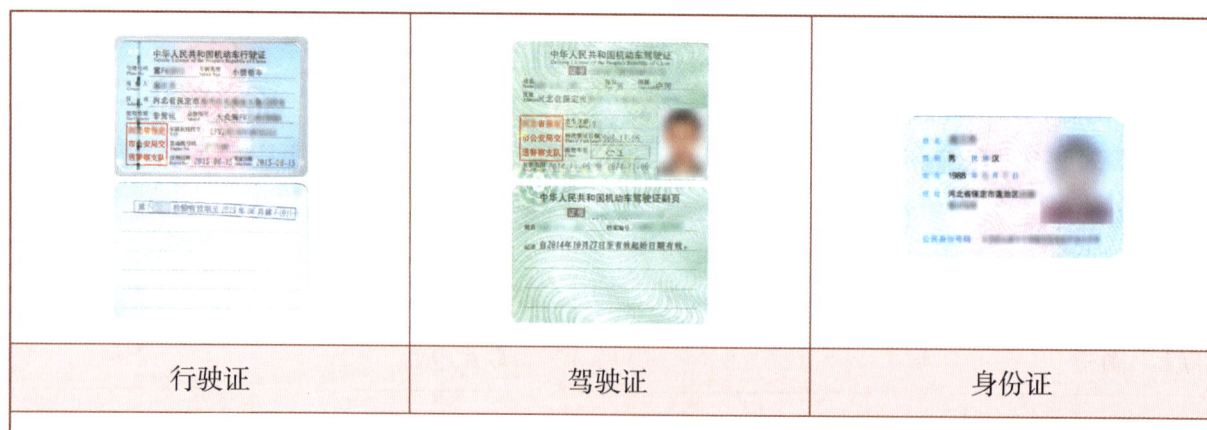

行驶证	驾驶证	身份证

该车辆于 2020 年购买，购车金额为 10.8 万元，在 2020 年保险周期内发生 2 次双方道路交通事故，在 2021 年、2022 年保险周期内均未发生道路交通事故，在 2023 年保险周期内发生 2 次单方道路交通事故，请为车主推荐购买汽车保险，计算 2024 年的保费并填写简易投保单。

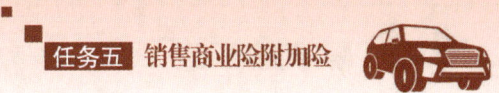

简易投保单

投保情况	新保 / 续保	□新保 □续保	上年投保公司		
	上年保险单号		到期时间		

投保人 / 被保险人	

身份证号		组织机构代码证	

联系人姓名		联系电话	

联系地址		邮政编码	

投保种类	□交通事故责任强制保险 □机动车商业保险	交强险承保公司		保险单号	

车辆类型		车牌号码		购置时间	

商业险险种	投保险种	保险金额 / 责任限额 / 万元	保费 / 元
	□机动车损失保险		
	□机动车第三者责任保险	□ 50 □ 100 □ 200	
	□机动车车上人员责任保险		
	□附加绝对免赔率特约条款		
	□附加车轮单独损失险		
	□附加新增加设备损失险		
	□附加车身划痕损失险		
	□附加修理期间费用补偿险		
	□附加发动机进水损坏除外特约条款		
	□附加车上货物责任险		
	□附加精神损害抚慰金责任险		
	□附加法定节假日限额翻倍险		
	□附加医保外医疗费用责任险		
	□附加机动车增值服务特约条款		

（五）实施案例 5

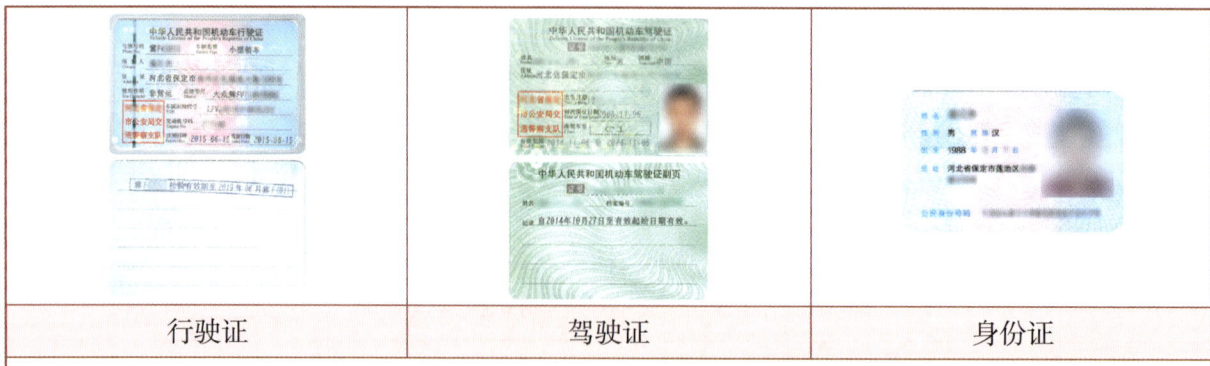

行驶证	驾驶证	身份证

该车辆于 2023 年购买，购车金额为 14.3 万元，在 2023 年保险周期内发生 1 次单方道路交通事故，2 次双方道路交通事故，请为车主推荐购买汽车保险，计算 2024 年的保费并填写简易投保单。

简易投保单

<table>
<tr><td rowspan="2">投保情况</td><td>新保 / 续保</td><td>□新保 □续保</td><td>上年投保公司</td><td></td></tr>
<tr><td>上年保险单号</td><td></td><td>到期时间</td><td></td></tr>
<tr><td>投保人 /
被保险人</td><td colspan="4"></td></tr>
<tr><td>身份证号</td><td colspan="2"></td><td>组织机构代码证</td><td></td></tr>
<tr><td>联系人姓名</td><td colspan="2"></td><td>联系电话</td><td></td></tr>
<tr><td>联系地址</td><td colspan="3"></td><td>邮政编码</td><td></td></tr>
<tr><td>投保种类</td><td>□交通事故责任强制保险
□机动车商业保险</td><td>交强险承保公司</td><td></td><td>保险单号</td></tr>
<tr><td>车辆类型</td><td></td><td>车牌号码</td><td></td><td>购置时间</td></tr>
<tr><td rowspan="7">商业险险种</td><td colspan="2">投保险种</td><td colspan="2">保险金额 / 责任限额 / 万元</td><td>保费 / 元</td></tr>
<tr><td colspan="2">□机动车损失保险</td><td colspan="2"></td><td></td></tr>
<tr><td colspan="2">□机动车第三者责任保险</td><td colspan="2">□ 50　□ 100　□ 200</td><td></td></tr>
<tr><td colspan="2">□机动车车上人员责任保险</td><td colspan="2"></td><td></td></tr>
<tr><td colspan="2">□附加绝对免赔率特约条款</td><td colspan="2"></td><td></td></tr>
<tr><td colspan="2">□附加车轮单独损失险</td><td colspan="2"></td><td></td></tr>
<tr><td colspan="2">□附加新增加设备损失险</td><td colspan="2"></td><td></td></tr>
</table>

	投保险种	保险金额 / 责任限额 / 万元	保费 / 元
商业险险种	□附加车身划痕损失险		
	□附加修理期间费用补偿险		
	□附加发动机进水损坏除外特约条款		
	□附加车上货物责任险		
	□附加精神损害抚慰金责任险		
	□附加法定节假日限额翻倍险		
	□附加医保外医疗费用责任险		
	□附加机动车增值服务特约条款		

五、检查

（一）自检

结合本组任务实施过程，对任务执行过程中的规范性进行检查，检查实施过程中是否存在以下问题，填入表5-3，分析讨论应如何避免并总结规范的工作方法。

表 5-3　　　　　　　　　　　　　　　　　　自检

检查项目	检查结果
商业险附加险的介绍是否正确	是□　否□
商业险保费金额计算是否正确	是□　否□
汽车保险险种推荐是否正确、完整	是□　否□

（二）互检

组与组之间相互检查，将检查结果填入表5-4 。

表 5-4　　　　　　　　　　　　　　　　　　互检

检查项目	检查结果
商业险附加险的介绍是否正确	是□　否□
商业险保费金额计算是否正确	是□　否□
汽车保险险种的推荐是否正确、完整	是□　否□

六、课堂小结

微课动画

任务六 制定投保方案

制定投保方案任务工单			
客户信息	姓名	电话	
车辆信息	车型	VIN	行驶里程 / km

任务描述

销售交强险 ☐　　销售商业险主险 ☐　　销售商业险附加险 ☐　　制定投保方案 ☐
接听报案电话 ☐　　现场查勘 ☐　　记录事故现场 ☐　　事故定损 ☐
理赔申请 ☐　　赔款理算 ☐　　承保 ☐
其他：

✎ _____

_____

车辆外观检查		车辆内部检查	
凹凸 ☐		污渍 ☐	
划痕 ☐		破损 ☐	
石击 ☐		色斑 ☐	
油漆 ☐		变形 ☐	

明确具体工作任务

✎ _____

_____

_____

任务目标	● 能够为客户选择适当的保险险种和组合方案
	● 能够计算保险购买金额
	● 能够促成保险销售并签单
任务内容	● 汽车保险险种的组合方案
	● 计算保险购买金额
	● 促成保险销售并签订简易投保单
任务重点	● 汽车保险险种的组合方案
	● 合理为客户选择险种组合方案
任务难点	● 合理选择险种组合方案

一、知识讲解

1. 汽车保险购买的基本原则

（1）购买汽车保险的基本原则

①交强险必须投保。

②不要重复投保。

③要足额投保。

④主险尽量保全。

⑤附加险按需投保。

（2）保险险种的组合方案

常见保险险种的组合方案包括最低保障方案、基本保障方案、经济保障方案、最佳保障方案、完全保障方案。

2. 保障方案

（1）最低保障方案

最低保障方案见表6-1。

表 6-1 最低保障方案

项目	说明
险种组合	只投保交强险
保障范围	只在交强险责任限额内对第三者的损失负赔偿责任
适用对象	适用于急于取得牌照或通过年检的车主
优点	费用较低，可以满足办理牌照或验车的基本要求

续表

项目	说明
缺点	一旦发生事故，对方的损失能得到保险公司的部分赔偿，但自己车辆的损失只能由自己负担，对第三者的赔偿限额较低

（2）基本保障方案

基本保障方案见表6-2。

表 6-2 　　　　　　　　　　　　　　　基本保障方案

项目	说明
险种组合	交强险、机动车损失保险、机动车第三者责任保险
保障范围	只投保交强险、机动车损失保险、机动车第三者责任保险，能为自己的车与他人损失的赔偿责任提供基本的保障
适用对象	适用于有一定经济压力的车主
优点	费用适中，所投险种最具必要性，性价比较高
缺点	出现事故后无法得到全部赔偿，未购买绝对免赔率特约条款，不是最佳组合

（3）经济保障方案

经济保障方案见表6-3。

表 6-3 　　　　　　　　　　　　　　　经济保障方案

项目	说明
险种组合	交强险、机动车损失保险、机动车第三者责任保险、机动车车上人员责任保险、附加绝对免赔率特约条款
保障范围	对于车上人员、自身车辆损失及第三者损失给予保障
适用对象	适用于车辆使用三四年、有一定驾龄的车主，是个人精打细算的最佳选择
优点	投保最有价值的险种，保险性价比最高，对100%赔付、车上人员安全等大风险问题都有保障，保费不高
缺点	没有其他商业险附加险，保障不完善

（4）最佳保障方案

最佳保障方案见表6-4。

表 6-4 　　　　　　　　　　　　　　　最佳保障方案

项目	说明
险种组合	交强险、机动车损失保险、机动车第三者责任保险、机动车车上人员责任保险、附加绝对免赔率特约条款、附加车轮单独损失险、附加车身划痕损失险

项目	说明
保障范围	在经济保障方案的基础上，加入附加车轮单独损失险和附加车身划痕损失险，使车辆易损部分得到安全保障
适用对象	适用于经济较宽裕，需要比较全面的保障，而且乘客不固定的私家车主或单位
优点	投保价值大的险种，不花冤枉钱，物有所值

（5）完全保障方案

完全保障方案见表6-5。

表6-5　　　　　　　　　　　　　　完全保障方案

项目	说明
险种组合	交强险、机动车损失保险、机动车第三者责任保险、机动车车上人员责任保险、附加车轮单独损失险、附加绝对免赔率特约条款、附加车身划痕车损失险、附加节假日限额翻倍险等
保障范围	保全险，可保障与汽车有关的全部事故损失，使车主不必担心交通状况所带来的风险
适用对象	适用于经济实力较雄厚的车主
优点	与汽车有关的全部事故损失都能得到赔偿。投保人不必为少投保某一个险种而得不到赔偿，承担投保决策失误的损失
缺点	保全险保费高，而某些险种出险的概率非常小

二、任务准备

在下列图片中勾选出完成本任务所需的物品。

交强险基础保费表	简易投保单	交强险费率浮动比率表	机动车第三者责任保险保费表

玻璃单独破碎险基本费率表	自燃损失险基本费率表	盗抢险基本费率表	机动车车上人员责任保险费率表
不计免赔特约险基本费率表	机动车损失保险基本费率表	附加车身划痕损失险费率表	驾驶证
行驶证	身份证	教学用车	计算器

三、任务分配

任务分配见表6-6。

表6-6   任务分配

职务	代码	姓名	工作内容
组长	A		监督、管理组员工作
组员	B		准备实训资料
	C		
	D		领取所需物品
	E		

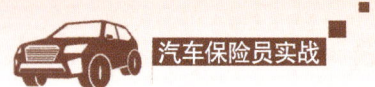
四、任务实施

（一）实施案例 1

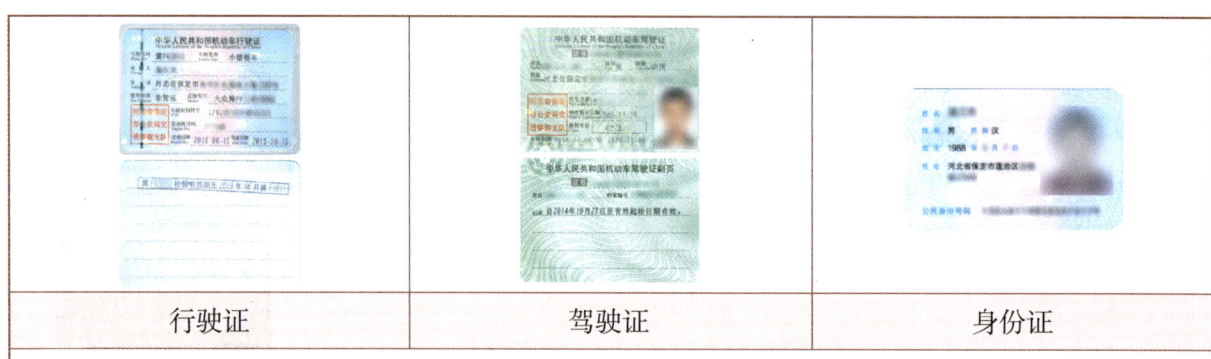

行驶证	驾驶证	身份证

该车辆为新购车，购置价格为 12 万元，车主最近取得驾驶证，请为车主推荐适合的保险险种组合方案，计算保费并填写简易投保单。

简易投保单

投保情况	新保 / 续保	□新保 □续保		上年投保公司	
	上年保险单号			到期时间	
投保人 / 被保险人					
身份证号			组织机构代码证		
联系人姓名			联系电话		
联系地址				邮政编码	
投保种类	□交通事故责任强制保险 □机动车商业保险	交强险承保公司		保险单号	
车辆类型		车牌号码		购置时间	
商业险险种	投保险种		保险金额 / 责任限额 / 万元		保费 / 元
	□机动车损失保险				
	□机动车第三者责任保险		□ 50　□ 100　□ 200		
	□机动车车上人员责任保险				
	□附加绝对免赔率特约条款				
	□附加车轮单独损失险				
	□附加新增加设备损失险				

	投保险种	保险金额 / 责任限额 / 万元	保费 / 元
商业险险种	□附加车身划痕损失险		
	□附加修理期间费用补偿险		
	□附加发动机进水损坏除外特约条款		
	□附加车上货物责任险		
	□附加精神损害抚慰金责任险		
	□附加法定节假日限额翻倍险		
	□附加医保外医疗费用责任险		
	□附加机动车增值服务特约条款		

（二）实施案例 2

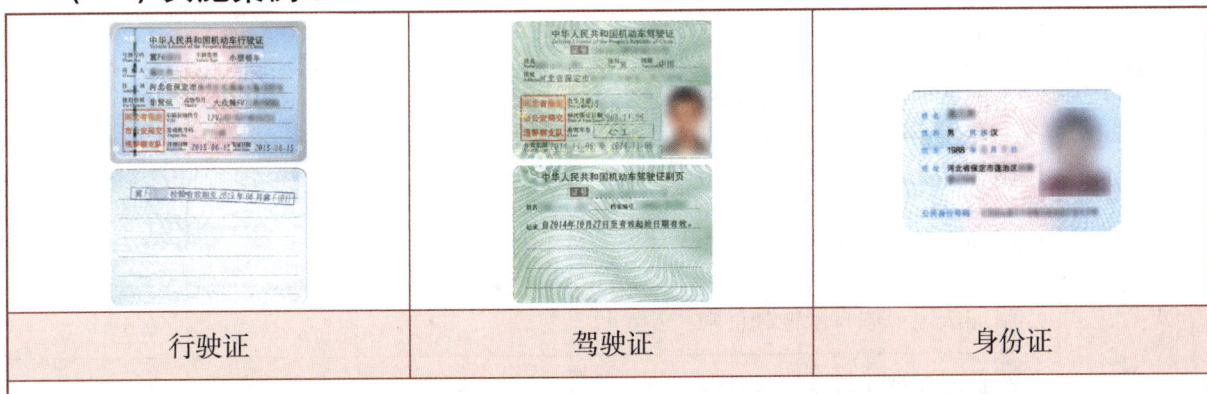

行驶证	驾驶证	身份证

车主为工人，收入水平一般，平时为人比较沉稳。该车辆于 2022 年购买，新车购置价格为 16.8 万元，在 2022 年保险周期内发生 1 次双方道路交通事故，在 2023 年保险周期内发生 1 次单方道路交通事故，请为车主推荐适合的保险险种组合方案，计算 2024 年的保费并填写简易投保单。

简易投保单

投保情况	新保 / 续保	□新保 □续保	上年投保公司	
	上年保险单号		到期时间	
投保人 / 被保险人				
身份证号			组织机构代码证	
联系人姓名			联系电话	
联系地址			邮政编码	

投保种类	□交通事故责任强制保险 □机动车商业保险	交强险承保公司		保险单号	
车辆类型		车牌号码		购置时间	
商业险险种	投保险种	保险金额/责任限额/万元		保费/元	
	□机动车损失保险				
	□机动车第三者责任保险	□ 50　□ 100　□ 200			
	□机动车车上人员责任保险				
	□附加绝对免赔率特约条款				
	□附加车轮单独损失险				
	□附加新增加设备损失险				
	□附加车身划痕损失险				
	□附加修理期间费用补偿险				
	□附加发动机进水损坏除外特约条款				
	□附加车上货物责任险				
	□附加精神损害抚慰金责任险				
	□附加法定节假日限额翻倍险				
	□附加医保外医疗费用责任险				
	□附加机动车增值服务特约条款				

（三）实施案例3

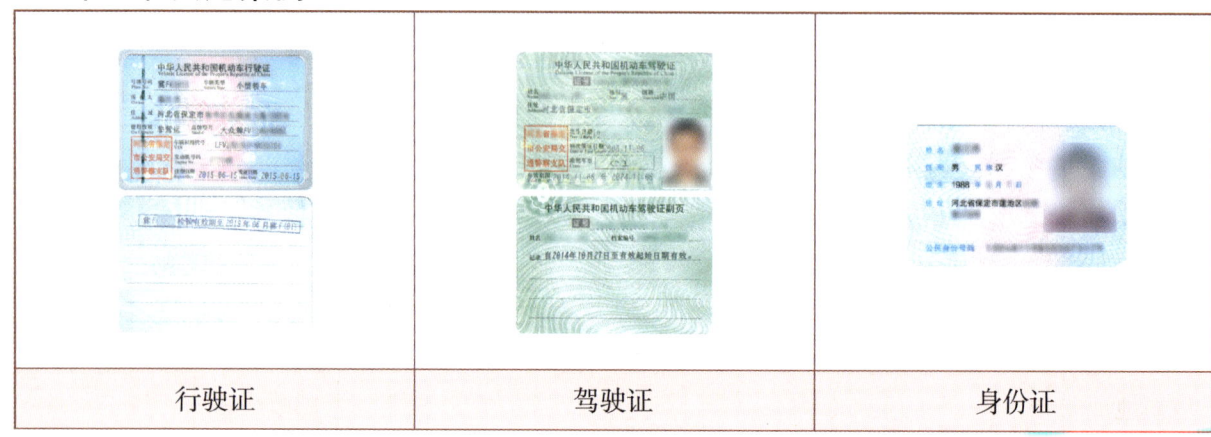

行驶证	驾驶证	身份证

车主为上班族，周末喜欢带着家人和朋友开车旅行。该车辆于 2021 年购买，新车购置价格为 12.5 万元，在 2021 年保险周期内发生 2 次双方道路交通事故，在 2022 年保险周期内发生 1 次单方道路交通事故、1 次双方道路交通事故，在 2023 年保险周期内发生 1 次单方道路交通事故，请为车主推荐适合的保险险种组合方案，计算 2024 年的保费并填写简易投保单。

简易投保单

投保情况	新保 / 续保	□新保 □续保	上年投保公司		
	上年保险单号		到期时间		
投保人 / 被保险人					
身份证号			组织机构代码证		
联系人姓名			联系电话		
联系地址				邮政编码	
投保种类	□交通事故责任强制保险 □机动车商业保险	交强险承保公司		保险单号	
车辆类型		车牌号码		购置时间	

商业险险种	投保险种	保险金额 / 责任限额 / 万元	保费 / 元
	□机动车损失保险		
	□机动车第三者责任保险	□ 50 □ 100 □ 200	
	□机动车车上人员责任保险		
	□附加绝对免赔率特约条款		
	□附加车轮单独损失险		
	□附加新增加设备损失险		
	□附加车身划痕损失险		
	□附加修理期间费用补偿险		
	□附加发动机进水损坏除外特约条款		
	□附加车上货物责任险		
	□附加精神损害抚慰金责任险		

	投保险种	保险金额 / 责任限额 / 万元	保费 / 元
商业险险种	□附加精神损害抚慰金责任险		
	□附加法定节假日限额翻倍险		
	□附加医保外医疗费用责任险		
	□附加机动车增值服务特约条款		

（四）实施案例 4

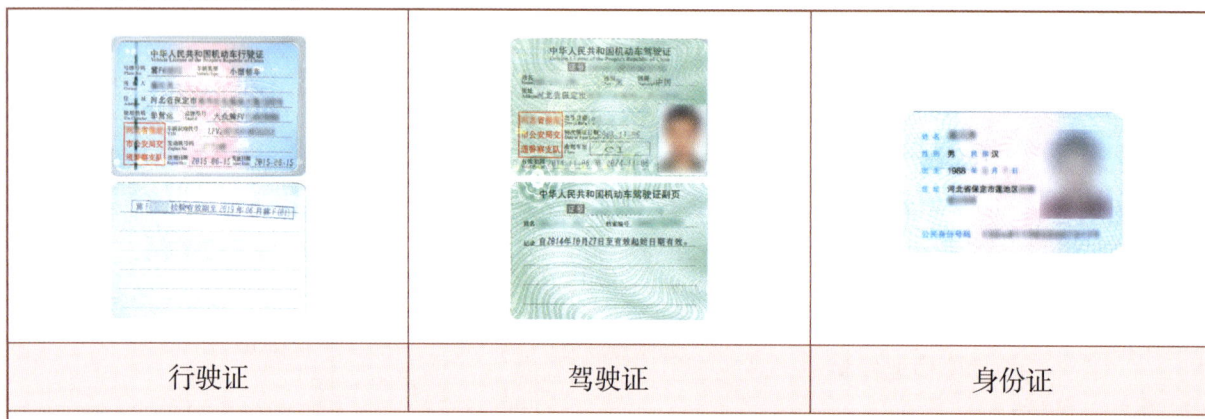

行驶证	驾驶证	身份证

车主为企业主，该车辆平时多人使用，车主于 2022 年取得驾驶证。该车辆于 2022 年购买，新车购置价格为 10.8 万元，在 2022 年保险周期内未发生道路交通事故，在 2023 年保险周期内发生 2 次单方道路交通事故、1 次双方道路交通事故，请为车主推荐合适的保险险种组合方案，计算 2024 年的保费并填写简易投保单。

简易投保单

投保情况	新保 / 续保	□新保 □续保	上年投保公司	
	上年保险单号		到期时间	
投保人 / 被保险人				
身份证号			组织机构代码证	
联系人姓名			联系电话	
联系地址			邮政编码	
投保种类	□交通事故责任强制保险 □机动车商业保险		交强险承保公司	保险单号
车辆类型		车牌号码		购置时间

商业险险种	投保险种	保险金额/责任限额/万元	保费/元
	□机动车损失保险		
	□机动车第三者责任保险	□ 50　□ 100　□ 200	
	□机动车车上人员责任保险		
	□附加绝对免赔率特约条款		
	□附加车轮单独损失险		
	□附加新增加设备损失险		
	□附加车身划痕损失险		
	□附加修理期间费用补偿险		
	□附加发动机进水损坏除外特约条款		
	□附加车上货物责任险		
	□附加精神损害抚慰金责任险		
	□附加法定节假日限额翻倍险		
	□附加医保外医疗费用责任险		
	□附加机动车增值服务特约条款		

（五）实施案例 5

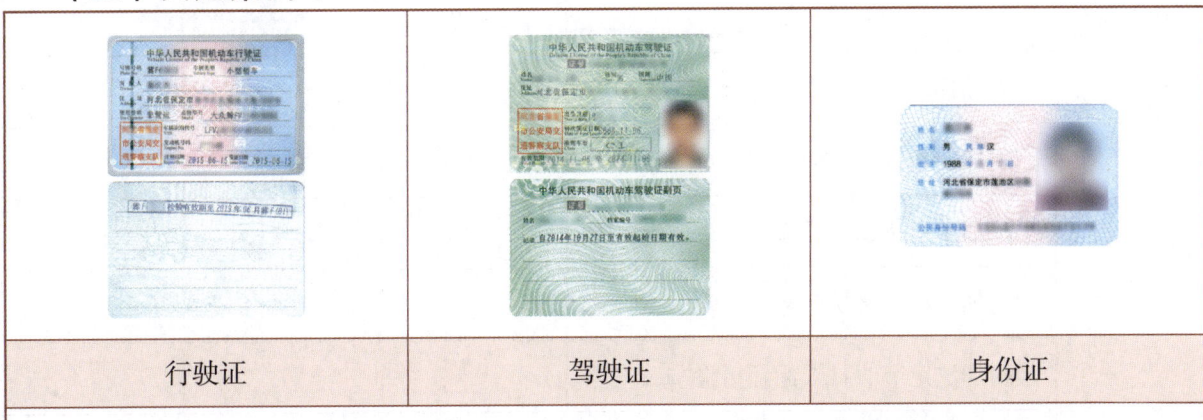

行驶证	驾驶证	身份证

车主为老驾驶员，经常开此车到异地送货。该车辆于 2023 年购买，新车购置价格为 14.3 万元，在 2023 年保险周期内发生 1 次双方道路交通事故、1 次单方道路交通事故。请为车主推荐适合的保险险种组合方案，计算 2024 年的保费并填写简易投保单。

简易投保单

投保情况	新保/续保		□新保 □续保	上年投保公司		
	上年保险单号			到期时间		
投保人/被保险人						
身份证号				组织机构代码证		
联系人姓名				联系电话		
联系地址					邮政编码	
投保种类	□交通事故责任强制保险 □机动车商业保险		交强险承保公司		保险单号	
车辆类型			车牌号码		购置时间	

商业险险种	投保险种	保险金额/责任限额/万元	保费/元
	□机动车损失保险		
	□机动车第三者责任保险	□ 50 □ 100 □ 200	
	□机动车车上人员责任保险		
	□附加绝对免赔率特约条款		
	□附加车轮单独损失险		
	□附加新增加设备损失险		
	□附加车身划痕损失险		
	□附加修理期间费用补偿险		
	□附加发动机进水损坏除外特约条款		
	□附加车上货物责任险		
	□附加精神损害抚慰金责任险		
	□附加法定节假日限额翻倍险		
	□附加医保外医疗费用责任险		
	□附加机动车增值服务特约条款		

五、检查

（一）自检

结合本组任务实施过程，对任务执行过程中的规范性进行检查，检查实施过程中是否存在以下问题，填入表 6-7，分析讨论应如何避免并总结规范的工作方法。

表 6-7 自检

检查项目	检查结果
是否能根据客户实际情况和需求推荐保险组合方案	是□ 否□
是否能准确地告知客户汽车保险的购买原则和保障范围	是□ 否□
是否能合理、有效地促成保险签单，计算保费并填写简易投保单	是□ 否□

（二）互检

组与组之间相互检查，将检查结果填入表 6-8。

表 6-8 互检

检查项目	检查结果
是否能根据客户实际情况和需求推荐保险组合方案	是□ 否□
是否能准确地告知客户汽车保险的购买原则和保障范围	是□ 否□
是否能合理、有效地促成保险签单，计算保费并填写简易投保单	是□ 否□

六、课堂小结

微课动画

任务七 接听报案电话

接听报案电话任务工单			
客户信息	姓名	电话	

车辆信息	车型	VIN	行驶里程 / km

任务描述	销售交强险 ☐　　销售商业险主险 ☐　　销售商业险附加险 ☐　　制定投保方案 ☐ 接听报案电话 ☐　　现场查勘 ☐　　记录事故现场 ☐　　事故定损 ☐ 理赔申请 ☐　　赔款理算 ☐　　承保 ☐ 其他： ✒ _____ _____ _____

车辆外观检查		车辆内部检查	
凹凸 ☐		污渍 ☐	
划痕 ☐		破损 ☐	
石击 ☐		色斑 ☐	
油漆 ☐		变形 ☐	

明确具体工作任务	✒ _____ _____ _____

任务目标
- 能够利用标准话术和流程接听客户报案电话
- 能够分析事故责任、类型，记录相关内容
- 能够正确、全面地填写接报案记录表，并进行案中调派

任务内容
- 接听客户报案电话的标准话术和流程
- 分析事故类型、事故责任等
- 全面记录报案信息并进行案中调派

任务重点
- 使用标准话术接听报案电话
- 准备记录报案内容，并填写接报案记录表

任务难点
- 正确接听客户报案电话并记录

一、知识讲解

1. 客户报案方式及受理流程

（1）客户报案方式

客户报案方式包括电话报案、上门报案、传真报案和其他报案方式。

（2）客户报案的受理流程

受理客户报案的工作流程如下：

① 接听报案电话。

② 核查相关信息。

③ 记录报案内容。

④ 分析案件类型，判断责任。

⑤ 确定是否受理案件。

⑥ 告知报案人相关注意事项。

⑦ 案件调派。

2. 接听报案电话

（1）接听报案电话时询问的内容

接听报案电话时需要询问的相关内容包括：核查保单信息和车辆信息，确认驾驶员并记录出险时间和出险地点，记录事故原因及经过，确定受损情况。

（2）接听报案电话的标准话术

① 接听被保险人报案电话的规范用语

· 您好，×××保险公司！×××号为您服务。

· 请问您需要什么帮助？

② 询问被保险车辆相关信息

· 请问您出险车辆的车牌号码是多少？

· 请问您出险车辆的型号是什么？

· 请问您是否在我公司购买的保险？您能提供一下您所购买保险的保险单号吗？

③ 询问车辆出险信息

· 请问您的车辆是什么时间发生的事故？

· 请问您的车辆是在什么地方发生的事故？具体在什么地方？

· 请问是如何发生事故的？

④ 询问报案人信息

· 请问您是驾驶员吗？

· 请问您是车主吗？您与车主是什么关系？

⑤ 询问第三者信息

· 请问对方有无损伤？

· 请问对方是否需要理赔？

⑥ 结束用语

· 我再重复一下您的报案信息，××××××，对吗？我会尽快安排相关人员与您取得联系。

· 请您不要离开事故现场，等待我们的服务人员为您查勘。

3. 保险事故案件调派

日常保险公司受理客户事故报案后，需要将案件进行调派。日常调派分为一级调度和二级调度。一级调度调派保险公司查勘人员，二级调度调派公估公司查勘人员。

二、任务准备

在下列图片中勾选出完成本任务所需的物品。

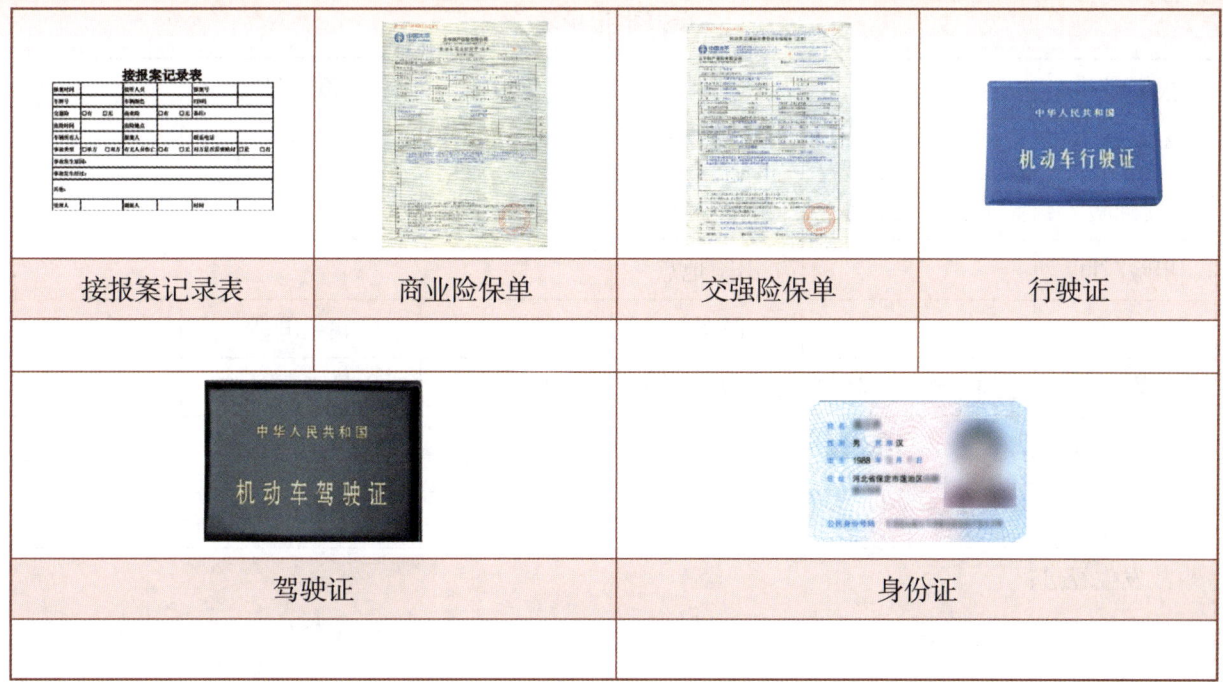

接报案记录表	商业险保单	交强险保单	行驶证

驾驶证	身份证

三、任务分配

任务分配见表7-1。

表 7-1　　　　　　　　　　　　　　　　任务分配

职务	代码	姓名	工作内容
组长	A		监督、管理组员工作
组员	B		准备实训资料
	C		
	D		领取所需物品
	E		

四、任务实施

（一）实施案例 1

根据教师给出的行驶证、驾驶证、身份证、保单等内容完成以下案例的接报案。

该车辆 21 时 30 分在廊涿高速公路上行驶，由于天黑，驾驶员视线不佳，从而与高速隔离带发生碰撞，导致车辆左前部及高速隔离带损坏，高速隔离带和车辆均需要赔付。各组学员分别扮演报案人员和保险公司电话接听人员，模拟报案过程，分析案件并填写接报案记录表。

接报案记录表

报案时间		接听人员			报案号	
车牌号码		车辆颜色			VIN	
交强险	□有 □无	商业险	□有 □无	备注：		
出险时间		出险地点				
车辆所有人		报案人			联系电话	
事故类型	□单方 □双方	有无人员伤亡	□有 □无	对方是否需要赔付	□是 □否	
事故发生原因：						
事故发生经过：						
其他：						
受理人		调派人			时间	

（二）实施案例 2

根据教师给出的行驶证、驾驶证、身份证、保单等内容完成以下案例的接报案。

该车辆在倒车时不慎与花坛发生碰撞，导致车辆后保险杠损坏，需要维修。各组学员分别扮演报案人员和保险公司电话接听人员，模拟报案过程，分析案件并填写接报案记录表。

接报案记录表

报案时间		接听人员			报案号	
车牌号码		车辆颜色			VIN	
交强险	□有 □无	商业险	□有 □无	备注：		
出险时间		出险地点				
车辆所有人		报案人			联系电话	
事故类型	□单方 □双方	有无人员伤亡	□有 □无	对方是否需要赔付	□是 □否	
事故发生原因：						

事故发生经过:					
其他:					
受理人		调派人		时间	

（三）实施案例 3

根据教师给出的行驶证、驾驶证、身份证、保单等内容完成以下案例的接报案。

该车辆在路口与前车发生追尾事故，导致该车前保险杠、前车后保险杠损坏，需要维修。各组学员分别扮演报案人员和保险公司电话接听人员，模拟报案过程，分析案例并填写接报案记录表。

接报案记录表

报案时间		接听人员		报案号	
车牌号码		车辆颜色		VIN	
交强险	□ 有　□ 无	商业险	□ 有　□ 无	备注:	
出险时间		出险地点			
车辆所有人		报案人		联系电话	
事故类型	□ 单方　□ 双方	有无人员伤亡	□ 有　□ 无	对方是否需要赔付	□ 是　□ 否
事故发生原因:					
事故发生经过:					
其他:					
受理人		调派人		时间	

（四）实施案例 4

根据教师给出的行驶证、驾驶证、身份证、保单等内容完成以下案例的接报案。

该车辆在国道上行驶时因躲避电动三轮车不慎撞到路边的大树，导致该车前保险杠、前照灯、翼子板损坏，需要维修。各组学员分别扮演报案人员和保险公司电话接听人员，模拟报案过程，分析案例并填写接报案记录表。

接报案记录表

报案时间		接听人员		报案号	
车牌号码		车辆颜色		VIN	
交强险	□有 □无	商业险	□有 □无	备注：	
出险时间		出险地点			
车辆所有人		报案人		联系电话	
事故类型	□单方 □双方	有无人员伤亡	□有 □无	对方是否需要赔付	□是 □否
事故发生原因：					
事故发生经过：					
其他：					
受理人		调派人		时间	

（五）实施案例 5

根据教师给出的行驶证、驾驶证、身份证、保单等内容完成以下案例的接报案。

该车辆驾驶员由于在对向车辆远光灯照射下视线不清，使车辆撞到道路中间的隔离栏杆，导致该车左前翼子板、左车门损坏，需要维修。各组学员分别扮演报案人员和保险公司电话接听人员，模拟报案过程，分析案例并填写接报案记录表。

接报案记录表

报案时间		接听人员		报案号	
车牌号码		车辆颜色		VIN	
交强险	□有 □无	商业险	□有 □无	备注：	
出险时间		出险地点			
车辆所有人		报案人		联系电话	
事故类型	□单方 □双方	有无人员伤亡	□有 □无	对方是否需要赔付	□是 □否
事故发生原因：					
事故发生经过：					

其他：					
受理人		调派人		时间	

（一）自检

结合本组任务实施过程，对任务执行过程中的规范性进行检查，检查实施过程中是否存在以下问题，填入表7-2，分析讨论应如何避免并总结规范的工作方法。

表7-2　　　　　　　　　　　　　　　自检

检查项目	检查结果
是否使用标准话术接听客户报案电话	是□　否□
是否按照流程对客户报案进行询问和案件分析	是□　否□
是否正确填写接报案记录表	是□　否□

（二）互检

组与组之间相互检查，将检查结果填入表7-3。

表7-3　　　　　　　　　　　　　　　互检

检查项目	检查结果
是否使用标准话术接听客户报案电话	是□　否□
是否按照流程对客户报案进行询问和案件分析	是□　否□
是否正确填写接报案记录表	是□　否□

六、课堂小结

_____

_____

_____

微课动画

现场查勘任务工单			
客户信息	姓名		电话
车辆信息	车型	VIN	行驶里程 / km

任务描述	销售交强险　□　　销售商业险主险□　　销售商业险附加险　□　　制定投保方案　□ 接听报案电话　□　　现场查勘　　　□　　记录事故现场　　　□　　事故定损　　　□ 理赔申请　　□　　赔款理算　　　□　　承保　　　　　　□ 其他： ✒ _____ _____ _____

车辆外观检查		车辆内部检查	
凹凸 □		污渍 □	
划痕 □		破损 □	
石击 □		色斑 □	
油漆 □		变形 □	

明确具体 工作任务	✒ _____ _____ _____

任务目标
- 能够安排事故现场查勘前的相关准备工作
- 能够熟练使用现场查勘的工具和物品
- 能够及时与事故相关人员进行沟通
- 能够判断事故现场真伪并进行查勘记录
- 能够实地进行事故查勘

任务内容
- 现场查勘前的准备工作
- 熟练使用现场查勘物品
- 与事故相关人员进行沟通
- 现场查勘分析
- 记录事故现场

任务重点
- 与事故相关人员进行沟通
- 事故现场的查勘和记录
- 现场查勘的工作流程

任务难点
- 现场查勘的工作流程
- 现场查勘判断和记录

一、知识讲解

1. 现场查勘前的准备

现场查勘前必须准备的物品如下：

（1）查勘车。

（2）照相机。

（3）资料和笔。

（4）手电筒。

（5）手机。

（6）录音笔。

2. 与客户沟通

（1）与客户沟通的内容

① 与客户进行电话沟通和信息确认。

② 了解事故信息，分类事故现场。

③ 判断事故责任类型。

④ 告知客户注意事项并保护事故现场。

（2）与客户沟通的基本话术

① 您好，我是 ××× 保险公司查勘员 ×××，请问您的车辆是不是出险了？

②请问您的出险地址是××××××××××××××××××吗?

③您的车辆是如何发生事故的?车辆损伤程度如何?有其他车辆和人员伤亡吗?

④请您不要离开事故现场,保持现场原状,我会尽快赶过去。

3. 现场查勘

(1) 现场查勘的工作流程

① 到达事故现场

赶赴现场,初步了解事故情况。

② 询问、审核相关内容

对报案人员和车辆进行核对。

③ 收集现场证据

通过各种查勘技术、方法收集证据。

④ 确定保险责任

判断事故是否属于保险理赔范围。

⑤ 填写相关单证

结合查勘情况填写相关单证,告知后续事项。

⑥ 确定维修方案

安排车辆维修,确定维修方案。

(2) 现场查勘的工作内容

① 核查车辆相关信息。

② 核查相关证件。

③ 核查驾驶员相关信息。

④ 核实事故发生的相关信息。

⑤ 核查事故损失相关信息。

(3) 事故责任比例

交通事故责任类型及责任比例见表8-1。

表8-1　　　　　　　　　　　　交通事故责任类型及责任比例

交通事故责任类型	事故责任比例 / %
被保险机动车方负全部责任	100
被保险机动车方负主要责任	70
被保险机动车方负同等责任	50
被保险机动车方负次要责任	30
被保险机动车方无责任	0

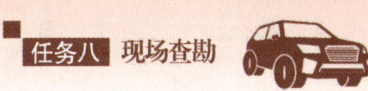

二、任务准备

在下列图片中勾选出完成本任务所需的物品。

 事故定损单	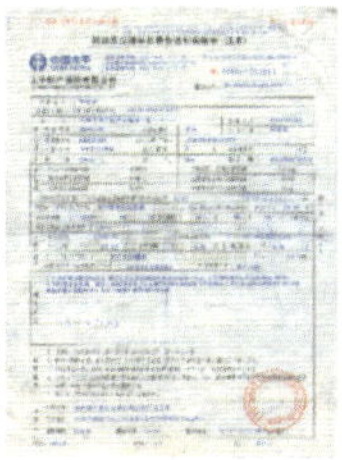 交强险保单	 商业险保单	 行驶证
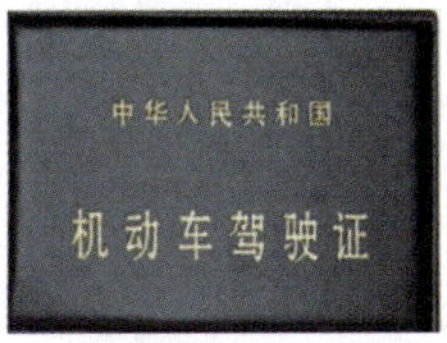 驾驶证	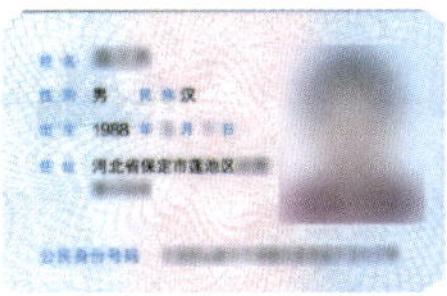 身份证	 教学用车（2台）	 相机
 手电筒	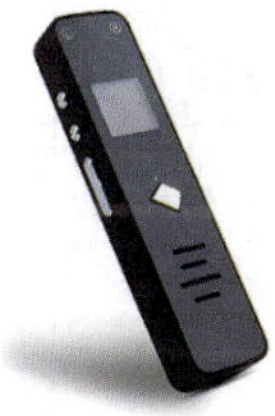 录音笔	 手机	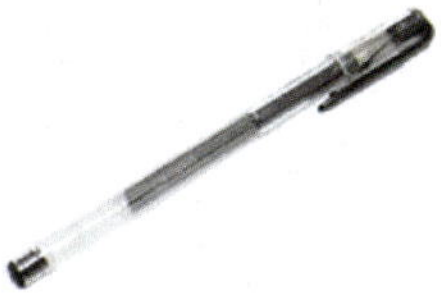 黑色签字笔

三、任务分配

任务分配见表8-2。

表 8-2 任务分配

职务	代码	姓名	工作内容
组长	A		监督、管理组员工作
组员	B		准备实训资料
	C		
	D		领取所需物品
	E		

四、任务实施

（一）实施案例 1

根据教师给出的事故现场和出险信息完成查勘前的准备与现场查勘。

事故定损单

出险通知书	被保险人：					保险单号：	
	车牌号码：		肇事司机：			司机电话：	
	厂牌型号：		驾驶证号码：			准驾车型：	
	VIN：					车辆颜色：	
	出险时间： 年 月 日			联系人：		联系电话：	
	出险地点：						
	出险原因及经过： 被保险人/肇事司机签章：						
标的损失确认	记录事故碰撞点、损失部位及初步处理意见：					现场草图：	
		更换项目	核定金额/元	修理项目	核定金额/元		
	损失合计/元					被保险人声明： 　1. 本人对上述情况认定属实，如有虚假，愿放弃保险的一切权利并承担法律责任。 　2. 同意保险公司按现场查勘人员核定的修理价格及有关条款规定进行赔偿。 　3. 本事故的保险赔款转入以下账户： 户名： 开户银行： 账号： 被保险人签章： 被保险人联系电话： 被保险人身份证号码：	
	保险标的损失确认签名：						
第三者信息及损失确认		车牌号码		车型			
	交强险保单及承保公司：						
		更换项目	核定金额/元	修理项目	核定金额/元		
	损失合计/元						
	第三者损失确认签名及联系电话：						
查勘人签名：							

（二）实施案例 2

根据教师给出的事故现场和出险信息完成查勘前的准备与现场查勘。

事故定损单

<table>
<tr><td rowspan="8">出险通知书</td><td colspan="4">被保险人：</td><td colspan="2">保险单号：</td></tr>
<tr><td colspan="2">车牌号码：</td><td colspan="2">肇事司机：</td><td colspan="2">司机电话：</td></tr>
<tr><td colspan="2">厂牌型号：</td><td colspan="2">驾驶证号码：</td><td colspan="2">准驾车型：</td></tr>
<tr><td colspan="4">VIN：</td><td colspan="2">车辆颜色：</td></tr>
<tr><td colspan="2">出险时间：　　年　　月　　日</td><td colspan="2">联系人：</td><td colspan="2">联系电话：</td></tr>
<tr><td colspan="6">出险地点：</td></tr>
<tr><td colspan="6">出险原因及经过：

被保险人/肇事司机签章：</td></tr>
<tr><td colspan="4">记录事故碰撞点、损失部位及初步处理意见：</td><td colspan="2">现场草图：</td></tr>
<tr><td rowspan="8">标的损失确认</td><td colspan="1">更换项目</td><td colspan="1">核定金额/元</td><td colspan="1">修理项目</td><td colspan="1">核定金额/元</td><td colspan="2" rowspan="6"></td></tr>
<tr><td></td><td></td><td></td><td></td></tr>
<tr><td></td><td></td><td></td><td></td></tr>
<tr><td></td><td></td><td></td><td></td></tr>
<tr><td></td><td></td><td></td><td></td></tr>
<tr><td></td><td></td><td></td><td></td></tr>
<tr><td>损失合计/元</td><td colspan="3"></td><td colspan="2" rowspan="11">被保险人声明：
　1. 本人对上述情况认定属实，如有虚假，愿放弃保险的一切权利并承担法律责任。
　2. 同意保险公司按现场查勘人员核定的修理价格及有关条款规定进行赔偿。
　3. 本事故的保险赔款转入以下账户：
户名：
开户银行：
账号：
被保险人签章：
被保险人联系电话：
被保险人身份证号码：</td></tr>
<tr><td colspan="4">保险标的损失确认签名：</td></tr>
<tr><td rowspan="9">第三者信息及损失确认</td><td colspan="2">车牌号码</td><td colspan="1">车型</td><td></td></tr>
<tr><td colspan="4">交强险保单及承保公司：</td></tr>
<tr><td>更换项目</td><td>核定金额/元</td><td>修理项目</td><td>核定金额/元</td></tr>
<tr><td></td><td></td><td></td><td></td></tr>
<tr><td></td><td></td><td></td><td></td></tr>
<tr><td></td><td></td><td></td><td></td></tr>
<tr><td></td><td></td><td></td><td></td></tr>
<tr><td>损失合计/元</td><td colspan="3"></td></tr>
<tr><td colspan="4">第三者损失确认签名及联系电话：</td></tr>
<tr><td colspan="5">查勘人签名：</td><td></td></tr>
</table>

（三）实施案例 3

根据教师给出的事故现场和出险信息完成查勘前的准备与现场查勘。

事故定损单

<table>
<tr><td rowspan="9">出险通知书</td><td colspan="3">被保险人：</td><td>保险单号：</td></tr>
<tr><td>车牌号码：</td><td>肇事司机：</td><td></td><td>司机电话：</td></tr>
<tr><td>厂牌型号：</td><td>驾驶证号码：</td><td></td><td>准驾车型：</td></tr>
<tr><td colspan="3">VIN：</td><td>车辆颜色：</td></tr>
<tr><td colspan="3">出险时间： 年 月 日 联系人：</td><td>联系电话：</td></tr>
<tr><td colspan="4">出险地点：</td></tr>
<tr><td colspan="5">出险原因及经过：

被保险人／肇事司机签章：</td></tr>
</table>

<table>
<tr><td rowspan="8">标的损失确认</td><td colspan="4">记录事故碰撞点、损失部位及初步处理意见：</td><td>现场草图：</td></tr>
<tr><td>更换项目</td><td>核定金额／元</td><td>修理项目</td><td>核定金额／元</td><td></td></tr>
<tr><td></td><td></td><td></td><td></td><td></td></tr>
<tr><td></td><td></td><td></td><td></td><td></td></tr>
<tr><td></td><td></td><td></td><td></td><td></td></tr>
<tr><td></td><td></td><td></td><td></td><td></td></tr>
<tr><td>损失合计／元</td><td></td><td></td><td></td><td rowspan="2">被保险人声明：
1. 本人对上述情况认定属实，如有虚假，愿放弃保险的一切权利并承担法律责任。
2. 同意保险公司按现场查勘人员核定的修理价格及有关条款规定进行赔偿。
3. 本事故的保险赔款转入以下账户：
户名：
开户银行：
账号：</td></tr>
<tr><td colspan="4">保险标的损失确认签名：</td></tr>
</table>

<table>
<tr><td rowspan="8">第三者信息及损失确认</td><td>车牌号码</td><td></td><td>车型</td><td></td><td rowspan="8">被保险人签章：
被保险人联系电话：
被保险人身份证号码：</td></tr>
<tr><td colspan="4">交强险保单及承保公司：</td></tr>
<tr><td>更换项目</td><td>核定金额／元</td><td>修理项目</td><td>核定金额／元</td></tr>
<tr><td></td><td></td><td></td><td></td></tr>
<tr><td></td><td></td><td></td><td></td></tr>
<tr><td></td><td></td><td></td><td></td></tr>
<tr><td>损失合计／元</td><td></td><td></td><td></td></tr>
<tr><td colspan="4">第三者损失确认签名及联系电话：</td></tr>
</table>

查勘人签名：

（四）实施案例 4

根据教师给出的事故现场和出险信息完成查勘前的准备与现场查勘。

事故定损单

<table>
<tr><td rowspan="10">出险通知书</td><td colspan="4">被保险人：</td><td colspan="2">保险单号：</td></tr>
<tr><td colspan="2">车牌号码：</td><td colspan="2">肇事司机：</td><td colspan="2">司机电话：</td></tr>
<tr><td colspan="2">厂牌型号：</td><td colspan="2">驾驶证号码：</td><td colspan="2">准驾车型：</td></tr>
<tr><td colspan="4">VIN：</td><td colspan="2">车辆颜色：</td></tr>
<tr><td colspan="2">出险时间： 年 月 日</td><td colspan="2">联系人：</td><td colspan="2">联系电话：</td></tr>
<tr><td colspan="6">出险地点：</td></tr>
<tr><td colspan="6">出险原因及经过：</td></tr>
<tr><td colspan="6" style="height:120px"></td></tr>
<tr><td colspan="6">被保险人 / 肇事司机签章：</td></tr>
<tr><td colspan="4">记录事故碰撞点、损失部位及初步处理意见：</td><td colspan="2" rowspan="100">现场草图：

被保险人声明：
　1. 本人对上述情况认定属实，如有虚假，愿放弃保险的一切权利并承担法律责任。
　2. 同意保险公司按现场查勘人员核定的修理价格及有关条款规定进行赔偿。
　3. 本事故的保险赔款转入以下账户：
户名：
开户银行：
账号：
被保险人签章：
被保险人联系电话：
被保险人身份证号码：</td></tr>
</table>

标的损失确认	更换项目	核定金额 / 元	修理项目	核定金额 / 元
	损失合计 / 元			
	保险标的损失确认签名：			

第三者信息及损失确认	车牌号码		车型	
	交强险保单及承保公司：			
	更换项目	核定金额 / 元	修理项目	核定金额 / 元
	损失合计 / 元			
	第三者损失确认签名及联系电话：			

查勘人签名：

五、检查

（一）自检

结合本组任务实施过程，对任务执行过程中的规范性进行检查，检查实施过程中是否存在以下问题，填入表8-3，分析讨论应如何避免并总结规范的工作方法。

表8-3　　　　　　　　　　　　　　　　自检

检查项目	检查结果
是否与客户进行联系沟通，确认事故详情	是□　否□
是否将查勘前的物品准备妥当	是□　否□
是否完成事故现场查勘	是□　否□
是否对事故现场查勘情况和结果进行记录	是□　否□

（二）互检

组与组之间相互检查，将检查结果填入表8-4。

表8-4　　　　　　　　　　　　　　　　互检

检查项目	检查结果
是否与客户进行联系沟通，确认事故详情	是□　否□
是否将查勘前的物品准备妥当	是□　否□
是否完成事故现场查勘	是□　否□
是否对事故现场查勘情况和结果进行记录	是□　否□

六、课堂小结

微课动画

记录事故现场任务工单				
客户信息	姓名		电话	

车辆信息	车型	VIN		行驶里程 / km

任务描述	销售交强险 □　　销售商业险主险 □　　销售商业险附加险 □　　制定投保方案 □ 接听报案电话 □　　现场查勘 □　　记录事故现场 □　　事故定损 □ 理赔申请 □　　赔款理算 □　　承保 □ 其他： ✐_____ _____ _____

车辆外观检查		车辆内部检查	
凹凸 □		污渍 □	
划痕 □		破损 □	
石击 □		色斑 □	
油漆 □		变形 □	

明确具体工作任务	✐_____ _____ _____

任务目标	● 能够对事故现场情况、车辆受损情况进行拍摄 ● 能够拍摄符合要求的事故相关照片 ● 能够熟练掌握照片拍摄技巧
任务内容	● 按照流程、内容拍摄事故现场照片 ● 照片拍摄的要求、内容和技巧
任务难点	● 按照要求进行事故现场拍摄记录
任务难点	● 按照要求进行事故现场拍摄记录

一、知识讲解

1. 记录事故现场

记录事故现场是指通过拍照取证的方式对事故现场进行记录并存档，将所拍摄的照片按照保险公司的要求进行上传与审核。

事故现场照片拍摄的要求见表9-1。

表 9-1　　　　　　　　　　　　　　事故现场照片拍摄的要求

照片拍摄要求	具体内容
照片规格要求	640 像素 ×480 像素
照片时间要求	所有照片都要求包括年、月、日、时、分
照片内容要求	1. 前景照（前 45° 角） 2. 后景照（后 45° 角） 3. 远景照（反映车辆整体基本情况） 4. 局部照（反映事故损失及碰撞处情况） 5. 细目照（反映受损部位的真实情况） 6. 牌照号 7. 查勘人与车主合影照

2. 拍摄事故现场照片

（1）相向拍摄法

相向拍摄法指在相对角度进行拍摄，更能反映现场中心情况。

（2）十字交叉法

十字交叉法指在四个不同方位进行拍摄，能准确地反映现场中心情况。

（3）连续拍摄法

连续拍摄法指在现场进行分段、分片拍摄，然后把所有拍摄的照片打印拼成一张来反映现场情况。

（4）比例拍摄法

比例拍摄法指将尺子或其他参照物放在受损物体旁边一起拍照，常用于碎片、小物体拍摄，采用该方法可反映物体实际尺寸。

二、任务准备

在下列图片中勾选出完成本任务所需的物品。

事故定损单	交强险保单	商业险保单	行驶证
驾驶证	身份证	教学用车（2 台）	相机

三、任务分配

任务分配见表 9-2。

表 9-2　　　　　　　　　　　　　　　　任务分配

职务	代码	姓名	工作内容
组长	A		监督、管理组员工作
组员	B		准备实训资料
	C		
	D		领取所需物品
	E		

四、任务实施

根据任务八中 4 个案例事故现场的情况进行拍照记录，并将所拍摄的照片以电子版的形式上传。

五、检查

（一）自检

结合本组任务实施过程，对任务执行过程中的规范性进行检查，检查实施过程中是否存在以下问题，填入表 9-3，分析讨论应如何避免并总结规范的工作方法。

表 9-3　　　　　　　　　　　　　　　　自检

检查项目	检查结果
是否正确使用相机进行事故现场照片拍摄	是□　否□
是否按照要求进行照片拍摄	是□　否□
照片拍摄的内容是否全面	是□　否□

（二）互检

组与组之间相互检查，将检查结果填入表 9-4。

表 9-4　　　　　　　　　　　　　　　　互检

检查项目	检查结果
是否正确使用相机进行事故现场照片拍摄	是□　否□
是否按照要求进行照片拍摄	是□　否□
照片拍摄的内容是否全面	是□　否□

六、课堂小结

微课动画

事故定损任务工单			
客户信息	姓名	电话	
车辆信息	车型	VIN	行驶里程 / km

任务描述

销售交强险 □　销售商业险主险 □　销售商业险附加险 □　制定投保方案 □

接听报案电话 □　现场查勘 □　记录事故现场 □　事故定损 □

理赔申请 □　赔款理算 □　承保 □

其他：

_____

_____

_____

车辆外观检查	车辆内部检查
凹凸 □	污渍 □
划痕 □	破损 □
石击 □	色斑 □
油漆 □	变形 □

明确具体工作任务

_____

_____

_____

任务目标
- 能够为事故车辆确定损失
- 能够为客户车辆损失选择适合的维修方案
- 能够为客户预估维修费用
- 能够填写事故定损单

任务内容
- 判断车辆事故损失
- 为客户选择恰当的维修方案
- 预估维修费用
- 填写事故定损单

任务难点
- 事故定损的方法和流程
- 确认损失和预估维修费用
- 填写事故定损单

任务难点
- 为客户定损

一、知识讲解

1. 事故定损

（1）事故定损的方式

① 协商定损。

② 公估定损。

③ 专家定损。

④ 合作定损。

（2）事故定损的分类

① 车辆损失：发生事故的车辆由于碰撞等原因所造成的损失。

② 人员伤亡：交通事故中由于发生人员碰撞伤亡所遭受的经济损失。

③ 其他财产损失：除去车辆损失和人员伤亡外的其他财务损失，如货物、公共财产等。

④ 施救费用：发生保险事故时，被保险人为防止或减小被保险机动车的损失所支付的必要、合理的施救费用。

（3）事故定损的类型

约定定损：直接出具定损单。

查勘定损：跟踪定损结果出具定损单。

（4）事故定损的原则

① 定损和修理的范围仅限于本次事故所造成的损失。

② 能够修理的零部件坚持修理，绝不更换。

③ 能够进行局部修理的，绝不整体修理。

④ 能够更换零部件的，绝不更换总成。

⑤ 定损价格应根据当地的维修行业标准和市场情况准确判断。

⑥ 车辆维修完毕，要达到原有的性能和状态。

⑦ 在定损过程中要遵循定损原则，超出权限时应及时上报。

2. 车辆损失定损的标准

车辆损失定损的标准见表 10-1。

表 10-1　　　　　　　　　　　车辆损失定损的标准

车辆维修方案	相关标准
更换相关项目	适用于无法修复的零部件、工艺上不可修复的零部件、安装上不允许修理的零部件、无修复价值的零部件
维修相关项目	根据汽车修理标准，恢复本次事故中所造成的车辆损失，使损失项目恢复原有的正常使用性能
拆装相关项目	根据不同零部件及其损失项目的需要，将相关部位进行拆装
待查相关项目	在车辆查勘定损中，会有一些零部件无法用肉眼或经验来确定其是否受损，或达到应更换的程度，甚至在车辆未完全修复前，对单独零部件无法检查，需要后续跟踪检验，进而确定维修方案

3. 车辆定损维修费用的构成

车辆定损维修费用的构成见表 10-2。

表 10-2　　　　　　　　　　　车辆定损维修费用的构成

费用构成	内容
工时费	拆装配件、更换配件、维修配件、钣金整形、喷漆等操作过程产生的费用
材料费	原厂配件、外购配件、油漆辅料等费用
其他费用	施救费、残值费等

二、任务准备

在下列图片中勾选出完成本任务所需的物品。

事故定损单	交强险保单	商业险保单
行驶证	驾驶证	身份证
教学用车		黑色签字笔

三、任务分配

任务分配见表 10-3。

表 10-3　　　　　　　　　　　　　任务分配

职务	代码	姓名	工作内容
组长	A		监督、管理组员工作
组员	B		准备实训资料
	C		
	D		领取所需物品
	E		

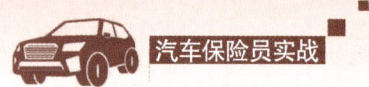

四、任务实施

（一）实施案例1

根据教师给出的事故现场进行事故车辆定损，并填写事故定损单。

事故定损单

<table>
<tr><td rowspan="10">出险通知书</td><td colspan="3">被保险人：</td><td>保险单号：</td></tr>
<tr><td>车牌号码：</td><td colspan="2">肇事司机：</td><td>司机电话：</td></tr>
<tr><td>厂牌型号：</td><td colspan="2">驾驶证号码：</td><td>准驾车型：</td></tr>
<tr><td colspan="3">VIN：</td><td>车辆颜色：</td></tr>
<tr><td>出险时间：　　年　　月　　日</td><td colspan="2">联系人：</td><td>联系电话：</td></tr>
<tr><td colspan="4">出险地点：</td></tr>
<tr><td colspan="4">出险原因及经过：</td></tr>
<tr><td colspan="4">　</td></tr>
<tr><td colspan="4" style="text-align:right">被保险人/肇事司机签章：</td></tr>
</table>

<table>
<tr><td rowspan="8">标的损失确认</td><td colspan="4">记录事故碰撞点、损失部位及初步处理意见：</td><td rowspan="7">现场草图：</td></tr>
<tr><td>更换项目</td><td>核定金额/元</td><td>修理项目</td><td>核定金额/元</td></tr>
<tr><td></td><td></td><td></td><td></td></tr>
<tr><td></td><td></td><td></td><td></td></tr>
<tr><td></td><td></td><td></td><td></td></tr>
<tr><td></td><td></td><td></td><td></td></tr>
<tr><td></td><td></td><td></td><td></td></tr>
<tr><td>损失合计/元</td><td colspan="3"></td><td rowspan="2">被保险人声明：
　1. 本人对上述情况认定属实，如有虚假，愿放弃保险的一切权利并承担法律责任。</td></tr>
<tr><td colspan="5">保险标的损失确认签名：</td></tr>
</table>

<table>
<tr><td rowspan="11">第三者信息及损失确认</td><td>车牌号码</td><td></td><td>车型</td><td></td><td rowspan="6">　2. 同意保险公司按现场查勘人员核定的修理价格及有关条款规定进行赔偿。
　3. 本事故的保险赔款转入以下账户：
户名：
开户银行：
账号：</td></tr>
<tr><td colspan="4">交强险保单及承保公司：</td></tr>
<tr><td>更换项目</td><td>核定金额/元</td><td>修理项目</td><td>核定金额/元</td></tr>
<tr><td></td><td></td><td></td><td></td></tr>
<tr><td></td><td></td><td></td><td></td></tr>
<tr><td></td><td></td><td></td><td></td></tr>
<tr><td></td><td></td><td></td><td></td><td rowspan="3">被保险人签章：
被保险人联系电话：
被保险人身份证号码：</td></tr>
<tr><td>损失合计/元</td><td colspan="3"></td></tr>
<tr><td colspan="4">第三者损失确认签名及联系电话：</td></tr>
<tr><td colspan="5">查勘人签名：</td></tr>
</table>

（二）实施案例 2

根据教师给出的事故现场进行事故车辆定损，并填写事故定损单。

事故定损单

	被保险人：				保险单号：		
出险通知书	车牌号码：		肇事司机：		司机电话：		
	厂牌型号：		驾驶证号码：		准驾车型：		
	VIN：				车辆颜色：		
	出险时间： 年 月 日			联系人：	联系电话：		
	出险地点：						
	出险原因及经过： 被保险人 / 肇事司机签章：						
标的损失确认	记录事故碰撞点、损失部位及初步处理意见：				现场草图：		
	更换项目	核定金额 / 元	修理项目	核定金额 / 元			
	损失合计 / 元				被保险人声明： 　1. 本人对上述情况认定属实，如有虚假，愿放弃保险的一切权利并承担法律责任。 　2. 同意保险公司按现场查勘人员核定的修理价格及有关条款规定进行赔偿。 　3. 本事故的保险赔款转入以下账户： 户名： 开户银行： 账号： 被保险人签章： 被保险人联系电话： 被保险人身份证号码：		
	保险标的损失确认签名：						
第三者信息及损失确认	车牌号码		车型				
	交强险保单及承保公司：						
	更换项目	核定金额 / 元	修理项目	核定金额 / 元			
	损失合计 / 元						
	第三者损失确认签名及联系电话：						
查勘人签名：							

汽车保险员实战

（三）实施案例 3

根据教师给出的事故现场进行事故车辆定损，并填写事故定损单。

事故定损单

	被保险人：			保险单号：
	车牌号码：	肇事司机：		司机电话：
	厂牌型号：	驾驶证号码：		准驾车型：
出险通知书	VIN：			车辆颜色：
	出险时间：　年　月　日	联系人：		联系电话：
	出险地点：			
	出险原因及经过： 被保险人/肇事司机签章：			

	记录事故碰撞点、损失部位及初步处理意见：				现场草图：
标的损失确认	更换项目	核定金额/元	修理项目	核定金额/元	
	损失合计/元				被保险人声明： 　1. 本人对上述情况认定属实，如有虚假，愿放弃保险的一切权利并承担法律责任。 　2. 同意保险公司按现场查勘人员核定的修理价格及有关条款规定进行赔偿。 　3. 本事故的保险赔款转入以下账户： 户名： 开户银行： 账号： 被保险人签章： 被保险人联系电话： 被保险人身份证号码：
	保险标的的损失确认签名：				
第三者信息及损失确认	车牌号码		车型		
	交强险保单及承保公司：				
	更换项目	核定金额/元	修理项目	核定金额/元	
	损失合计/元				
	第三者损失确认签名及联系电话：				
查勘人签名：					

（四）实施案例 4

根据教师给出的事故现场进行事故车辆定损，并填写事故定损单。

事故定损单

出险通知书	被保险人：				保险单号：	
	车牌号码：		肇事司机：		司机电话：	
	厂牌型号：		驾驶证号码：		准驾车型：	
	VIN：				车辆颜色：	
	出险时间：　　年　　月　　日			联系人：	联系电话：	
	出险地点：					
	出险原因及经过： 　　　　　　　　　　　　　被保险人/肇事司机签章：					

标的损失确认	记录事故碰撞点、损失部位及初步处理意见：				现场草图：
	更换项目	核定金额/元	修理项目	核定金额/元	
	损失合计/元				
	保险标的损失确认签名：				

第三者信息及损失确认	车牌号码		车型		被保险人声明： 　1. 本人对上述情况认定属实，如有虚假，愿放弃保险的一切权利并承担法律责任。 　2. 同意保险公司按现场查勘人员核定的修理价格及有关条款规定进行赔偿。 　3. 本事故的保险赔款转入以下账户： 户名： 开户银行： 账号： 被保险人签章： 被保险人联系电话： 被保险人身份证号码：
	交强险保单及承保公司：				
	更换项目	核定金额/元	修理项目	核定金额/元	
	损失合计/元				
	第三者损失确认签名及联系电话：				
查勘人签名：					

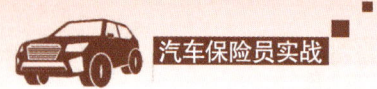
（五）实施案例 5

根据教师给出的事故现场进行事故车辆定损，并填写事故定损单。

事故定损单

出险通知书	被保险人：				保险单号：	
	车牌号码：		肇事司机：		司机电话：	
	厂牌型号：		驾驶证号码：		准驾车型：	
	VIN：				车辆颜色：	
	出险时间： 年 月 日		联系人：		联系电话：	
	出险地点：					
	出险原因及经过： 被保险人/肇事司机签章：					
标的损失确认	记录事故碰撞点、损失部位及初步处理意见：				现场草图：	
	更换项目	核定金额/元	修理项目	核定金额/元		
	损失合计/元				被保险人声明： 1. 本人对上述情况认定属实，如有虚假，愿放弃保险的一切权利并承担法律责任。 2. 同意保险公司按现场查勘人员核定的修理价格及有关条款规定进行赔偿。 3. 本事故的保险赔款转入以下账户： 户名： 开户银行： 账号： 被保险人签章： 被保险人联系电话： 被保险人身份证号码：	
	保险标的损失确认签名：					
第三者信息及损失确认	车牌号码			车型		
	交强险保单及承保公司：					
	更换项目	核定金额/元	修理项目	核定金额/元		
	损失合计/元					
	第三者损失确认签名及联系电话：					
查勘人签名：						

五、检查

（一）自检

结合本组任务实施过程，对任务执行过程中的规范性进行检查，检查实施过程中是否存在以下问题，填入表10-4，分析讨论应如何避免并总结规范的工作方法。

表 10-4　　　　　　　　　　　　　　　　自检

检查项目	检查结果
是否正确判断事故损失	是□　否□
是否选择恰当的维修方案	是□　否□
是否对事故维修费用进行正确的预估	是□　否□

（二）互检

组与组之间相互检查，将检查结果填入表 10-5。

表 10-5　　　　　　　　　　　　　　　　互检

检查项目	检查结果
是否正确判断事故损失	是□　否□
是否选择恰当的维修方案	是□　否□
是否对事故维修费用进行正确的预估	是□　否□

六、课堂小结

微课动画

理赔申请任务工单			
客户信息	姓名		电话
车辆信息	车型	VIN	行驶里程 / km

任务描述

销售交强险 ☐　　销售商业险主险 ☐　　销售商业险附加险 ☐　　制定投保方案 ☐

接听报案电话 ☐　　现场查勘 ☐　　记录事故现场 ☐　　事故定损 ☐

理赔申请 ☐　　赔款理算 ☐　　承保 ☐

其他：

_____

_____

车辆外观检查	车辆内部检查
凹凸 ☐	污渍 ☐
划痕 ☐	破损 ☐
石击 ☐	色斑 ☐
油漆 ☐	变形 ☐

明确具体工作任务

_____

_____

_____

● 能够为不同的保险事故提交理赔申请
● 能够为客户处理事故理赔工作
● 能够查阅、审核相关资料并进行处理

任务目标

● 对事故进行理赔申请
● 能够查阅、审核相关资料

任务内容

● 根据不同事故案件提报理赔申请
● 查阅、审核相关资料

任务重点

● 根据事故类型审核相关资料

任务难点

一、知识讲解

1. 事故理赔的工作流程

（1）收集整理资料。

（2）递交索赔资料。

（3）保险公司核查资料。

2. 事故理赔的工作内容

在确定保险事故的损失后，被保险人可以向保险公司递交相关资料，对损失进行索赔；保险公司接受被保险人的索赔要求后，应对被保险人递交的索赔资料进行审核，审查资料的真实性、完整性等，并及时进行理赔。

3. 事故理赔资料

（1）基本索赔资料。

（2）车辆损失索赔资料。

（3）人员伤亡索赔资料。

（4）财物损失索赔资料。

（5）盗抢险索赔资料。

4. 事故理赔的原则

（1）认真审阅事故相关资料，查看证明、定损单、报案记录等。

（2）根据保险条款、事故责任及赔偿比例进行理赔。

汽车保险员实战

二、任务准备

在下列图片中勾选出完成本任务所需的物品。

行驶证	驾驶证	身份证	基本索赔资料表
事故定损单	交强险保单	商业险保单	黑色签字笔

三、任务分配

任务分配见表 11-1。

表 11-1　　　　　　　　　　　　　　任务分配

职务	代码	姓名	工作内容
组长	A		监督、管理组员工作
组员	B		准备实训资料
	C		
	D		领取所需物品
	E		

四、任务实施

（一）实施案例 1

根据下列案例选择恰当的事故索赔资料，并将其递交给保险公司人员进行核查。

车型：×× 轿车
购买险种：交强险
事故类型：单方事故
事故描述：车辆倒车时不慎与花坛发生碰撞事故
事故定损：更换后保险杠，赔偿花坛维修费用
维修金额：车辆维修费用 1 000 元，花坛维修费用 500 元

（二）实施案例 2

根据下列案例选择恰当的事故索赔资料，并将其递交给保险公司人员进行核查。

车型：×× 轿车
购买险种：交强险
事故类型：双方事故
事故描述：车辆追尾事故，×× 轿车负全责，对方车辆需要理赔
事故定损：本车辆更换前保险杠，对方车辆更换后保险杠
维修金额：本车辆维修费用 1 000 元，对方车辆维修费用 1 300 元

（三）实施案例 3

根据下列案例选择恰当的事故索赔资料，并将其递交给保险公司人员进行核查。

车型：×× 轿车
购买险种：交强险、商业险
事故类型：单方事故
事故描述：车辆停放时被划伤
事故定损：对左前门和左后门进行喷漆处理
维修金额：800 元

（四）实施案例 4

根据下列案例选择恰当的事故索赔资料，并将其递交给保险公司人员进行核查。

车型：×× 轿车
购买险种：交强险
事故类型：双方事故
事故描述：本车辆倒车时与停放在路边的车辆发生碰撞
事故定损：本车辆维修后保险杠，对方车辆维修左前门和左后门
维修金额：本车辆维修费用 400 元，对方车辆维修费用 800 元

（五）实施案例 5

根据下列案例选择恰当的事故索赔资料，并将其递交给保险公司人员进行核查。

> 车型：×× 轿车
> 购买险种：交强险、商业险
> 事故类型：单方事故
> 事故描述：车辆停放时被划伤
> 事故定损：对左前门和左后门进行喷漆处理
> 维修金额：800 元

五、检查

（一）自检

结合本组任务实施过程，对任务执行过程中的规范性进行检查，检查实施过程中是否存在以下问题，填入表 11-2，分析讨论应如何避免并总结规范的工作方法。

表 11-2　　　　　　　　　　　　　　　　自检

检查项目	检查结果
能否正确分析并判断事故案例	是□　否□
能否进行资料的选取	是□　否□
能否审核提交的资料	是□　否□

（二）互检

组与组之间相互检查，将检查结果填入表 11-3。

表 11-3　　　　　　　　　　　　　　　　互检

检查项目	检查结果
能否正确分析并判断事故案例	是□　否□
能否进行资料的选取	是□　否□
能否审核提交的资料	是□　否□

六、课堂小结

微课动画

赔款理算任务工单			
客户信息	姓名	电话	
车辆信息	车型	VIN	行驶里程 / km

任务描述	销售交强险　□　销售商业险主险 □　销售商业险附加险　□　制定投保方案　□ 接听报案电话　□　现场查勘　　　□　记录事故现场　　　□　事故定损　　　□ 理赔申请　　　□　赔款理算　　　□　承保　　　　　　　□ 其他： ✐ _____ _____ _____

	车辆外观检查		车辆内部检查	
凹凸 □		污渍 □		
划痕 □		破损 □		
石击 □		色斑 □		
油漆 □		变形 □		

明确具体 工作任务	✐ _____ _____ _____

| 任务目标 | ● 能够为不同事故进行赔款计算 |
| | ● 能够填写赔款计算书 |

任务内容	● 分析事故类型及理赔原则
	● 填写赔款计算书
	● 计算保险赔款金额

| 任务难点 | ● 实际进行赔款理算 |
| | ● 填写赔款计算书 |

| 任务难点 | ● 实际赔款的计算 |

一、知识讲解

1. 赔款理算的工作流程

（1）接受待理算赔案资料。

（2）确定保险责任，计算赔款金额。

（3）整理及审核赔案资料。

（4）填写赔款计算书。

（5）申请赔款。

2. 机动车损失保险赔款理算公式

（1）全部损失

赔款 = 保险金额 × 事故责任比例 ×（1- 事故责任免赔率）×（1- 绝对免赔率之和）-
　　　　绝对免赔额

（2）部分损失

赔款 = 实际修理费用 × 事故责任比例 ×（1- 事故责任免赔率）×（1- 绝对免赔率
　　　　之和）- 绝对免赔额

（3）施救费用

赔款 = 实际施救费用 × 事故责任比例 ×（保险财产价值 ÷ 施救实际财产总价值）×（1-
　　　　事故责任免赔率）×（1- 绝对免赔率之和）- 绝对免赔额

3. 机动车第三者责任保险赔款理算公式

（1）赔偿金额超过责任限额

赔款 = 责任限额 ×（1– 事故责任免赔率）×（1– 绝对免赔率之和）

（2）赔偿金额低于责任限额

赔款 = 应承担的赔偿金额 ×（1– 事故责任免赔率）×（1– 绝对免赔率之和）

应承担的赔偿金额 =（第三者损失 – 交强险赔偿限额）× 事故责任比例

4. 机动车车上人员责任保险赔款理算公式

（1）赔偿金额超过责任限额

每人赔款 = 责任限额 ×（1– 事故责任免赔率）×（1– 绝对免赔率 之和）

（2）赔偿金额低于责任限额

每人赔款 = 应承担的赔偿金额 ×（1– 事故责任免赔率）×（1– 绝对免赔率之和）

5. 附加车身划痕损失险赔款理算公式

赔款 = 实际损失金额 ×（1–15%）

二、任务准备

在下列图片中勾选出完成本任务所需的物品。

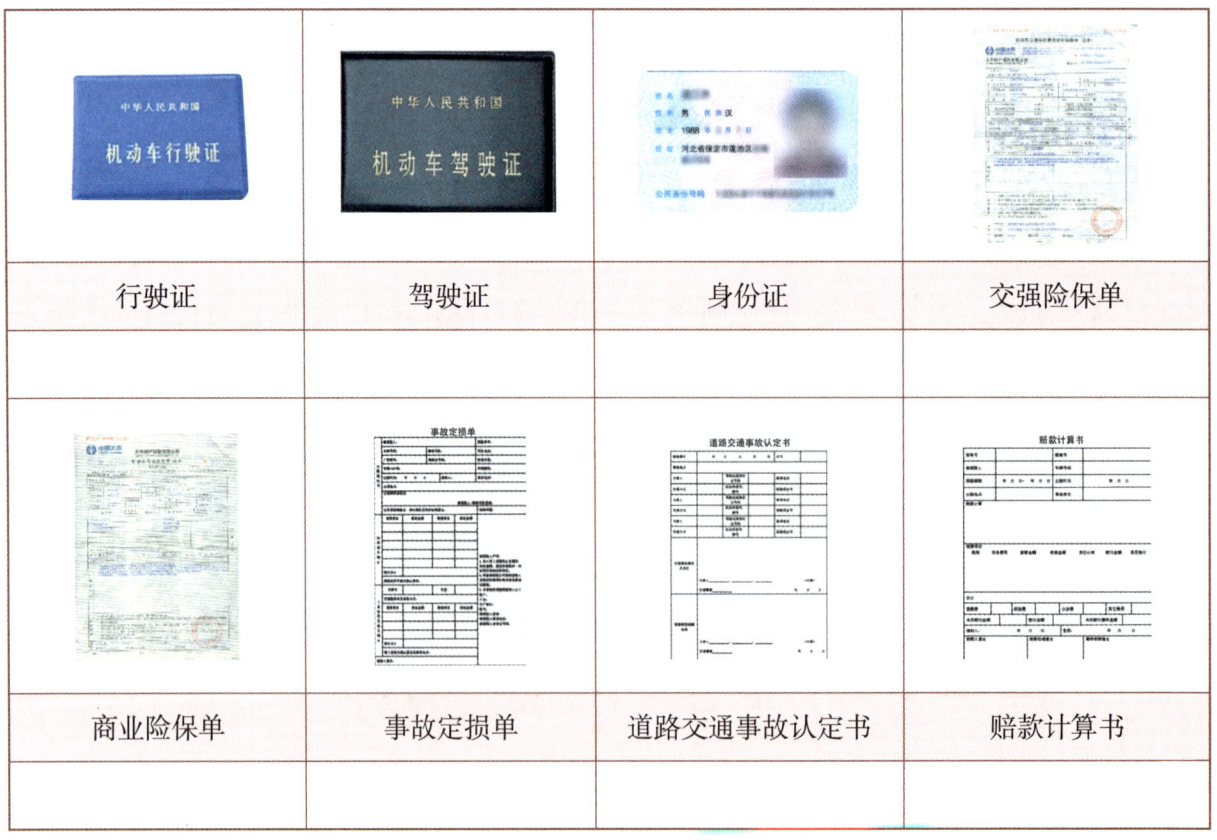

行驶证	驾驶证	身份证	交强险保单
商业险保单	事故定损单	道路交通事故认定书	赔款计算书

三、任务分配

任务分配见表 12-1。

表 12-1　　　　　　　　　　　　　　　　　任务分配

职务	代码	姓名	工作内容
组长	A		监督、管理组员工作
组员	B		准备实训资料
	C		
	D		领取所需物品
	E		

四、任务实施

（一）实施案例 1

根据在教师处领取的相关资料信息填写赔款计算书。

赔款计算书

保险单号		赔案号	
被保险人		车牌号码	
保险期限	年 月 日至　　年 月 日	出险时间	年 月 日
出险地点		事故责任	
赔款计算			

理算项目						
险别	项目费用/元	索赔金额/元	核损金额/元	责任比例/%	赔付金额/元	是否垫付

合计: 　　　　　　　　　　　　　　　　　　　　　　　　　　　　　　　　　　　元

查勘费/元		校验费/元		公估费/元		其他费用/元	

本次赔付金额/元		垫付金额/元		本次赔付最终金额/元	

缮制人： 　　　年　月　日	复核人： 　　　年　月　日

核赔人意见 　　　　　　　签字　　　年　月　日	理赔经理意见 　　　　　　　签字　　　年　月　日	最终核赔意见 　　　　　　　签字　　　年　月　日

（二）实施案例 2

根据在教师处领取的相关资料信息填写赔款计算书。

赔款计算书

保险单号		赔案号	
被保险人		车牌号码	
保险期限	年 月 日至　　年 月 日	出险时间	年 月 日
出险地点		事故责任	
赔款计算			

理算项目						
险别	项目费用/元	索赔金额/元	核损金额/元	责任比例/%	赔付金额/元	是否垫付

合计：　　　　　　　　　　　　　　　　　　　　　　　　　　　　　　　　　　元

查勘费/元		校验费/元		公估费/元		其他费用/元	
本次赔付金额/元		垫付金额/元		本次赔付最终金额/元			

缮制人：　　　　　　　年 月 日	复核人：　　　　　　　　年 月 日

核赔人意见	理赔经理意见	最终核赔意见
签字　　　　　年 月 日	签字　　　　　年 月 日	签字　　　　　年 月 日

（三）实施案例 3

根据在教师处领取的相关资料信息填写赔款计算书。

赔款计算书

保险单号		赔案号	
被保险人		车牌号码	
保险期限	年 月 日至　　年 月 日	出险时间	年 月 日
出险地点		事故责任	
赔款计算			

理算项目						
险别	项目费用/元	索赔金额/元	核损金额/元	责任比例/%	赔付金额/元	是否垫付

合计：　　　　　　　　　　　　　　　　　　　　　　　　　　　　　　　　　　　元

查勘费/元		校验费/元		公估费/元		其他费用/元	
本次赔付金额/元		垫付金额/元			本次赔付最终金额/元		

缮制人：　　　　　　　　年　月　日　　复核人：　　　　　　　　　　　年　月　日

核赔人意见 签字　　　　年　月　日	理赔经理意见 签字　　　　　年　月　日	最终核赔意见 签字　　　　年　月　日

（四）实施案例4

根据在教师处领取的相关资料信息填写赔款计算书。

赔款计算书

保险单号		赔案号	
被保险人		车牌号码	
保险期限	年 月 日至　　年 月 日	出险时间	年 月 日
出险地点		事故责任	
赔款计算			

理算项目						
险别	项目费用/元	索赔金额/元	核损金额/元	责任比例/%	赔付金额/元	是否垫付

合计：　　　　　　　　　　　　　　　　　　　　　　　　　　　　　　　　　　　　　　元

查勘费/元		校验费/元		公估费/元		其他费用/元	
本次赔付金额/元		垫付金额/元		本次赔付最终金额/元			

缮制人：　　　　　　　　　年　月　日　　复核人：　　　　　　　　　　　年　月　日

核赔人意见	理赔经理意见	最终核赔意见
签字　　　　　年　月　日	签字　　　　　年　月　日	签字　　　　　年　月　日

（五）实施案例 5

根据在教师处领取的相关资料信息填写赔款计算书。

赔款计算书

保险单号		赔案号	
被保险人		车牌号码	
保险期限	年　月　日至　　年　月　日	出险时间	年　月　日
出险地点		事故责任	
赔款计算			

理算项目						
险别	项目费用/元	索赔金额/元	核损金额/元	责任比例/%	赔付金额/元	是否垫付

合计： 元

查勘费/元		校验费/元		公估费/元		其他费用/元	

本次赔付金额/元		垫付金额/元		本次赔付最终金额/元	

缮制人： 年 月 日	复核人： 年 月 日

核赔人意见 签字 年 月 日	理赔经理意见 签字 年 月 日	最终核赔意见 签字 年 月 日

五、检查

（一）自检

结合本组任务实施过程，对任务执行过程中的规范性进行检查，检查实施过程中是否存在以下问题，填入表 12-2，分析讨论应如何避免并总结规范的工作方法。

表 12-2　　　　　　　　　　　　　　　　自检

检查项目	检查结果
是否能对不同类型的事故案件进行理赔	是□　否□
赔款计算书填写内容是否正确、全面	是□　否□
赔款金额计算是否正确	是□　否□

（二）互检

组与组之间相互检查，将检查结果填入表 12-3。

表 12-3　　　　　　　　　　　　　　互检

检查项目	检查结果
是否能对不同类型的事故案件进行理赔	是□　否□
赔款计算书填写内容是否正确、全面	是□　否□
赔款金额计算是否正确	是□　否□

六、课堂小结

微课动画

任务十三　保险销售实练

保险销售实练任务工单			
客户信息	姓名	电话	

车辆信息	车型	VIN	行驶里程 / km

任务描述	销售交强险 □　销售商业险主险 □　销售商业险附加险 □　制定投保方案 □ 接听报案电话 □　现场查勘 □　记录事故现场 □　事故定损 □ 理赔申请 □　赔款理算 □　承保 □ 其他： 　　＿＿＿＿＿＿＿＿＿＿＿＿＿＿＿＿＿＿＿＿＿＿＿＿＿＿＿＿＿＿ ＿＿＿＿＿＿＿＿＿＿＿＿＿＿＿＿＿＿＿＿＿＿＿＿＿＿＿＿＿＿＿＿ ＿＿＿＿＿＿＿＿＿＿＿＿＿＿＿＿＿＿＿＿＿＿＿＿＿＿＿＿＿＿＿＿

车辆外观检查		车辆内部检查	
凹凸 □		污渍 □	
划痕 □		破损 □	
石击 □		色斑 □	
油漆 □		变形 □	

明确具体 工作任务	＿＿＿＿＿＿＿＿＿＿＿＿＿＿＿＿＿＿＿＿＿＿＿＿＿＿＿＿＿＿ ＿＿＿＿＿＿＿＿＿＿＿＿＿＿＿＿＿＿＿＿＿＿＿＿＿＿＿＿＿＿＿＿ ＿＿＿＿＿＿＿＿＿＿＿＿＿＿＿＿＿＿＿＿＿＿＿＿＿＿＿＿＿＿＿＿

- 能够掌握汽车保险险种的分类
- 能够为客户讲解不同保险险种的保障和理赔原则
- 能够为客户实际选择合适的保险组合方案
- 能够为客户计算投保险种的保费金额
- 能够实际完成投保并填写简易投保单

任务目标

- 汽车保险险种的分类
- 不同保险险种的保障和理赔原则
- 汽车保险险种的组合方案
- 计算投保金额
- 填写简易投保单

任务内容

- 为客户介绍并推荐汽车保险
- 为客户选择合理的投保方案
- 帮助客户完成投保

任务难点

- 推荐汽车保险并完成投保

任务难点

一、知识讲解

1. 汽车保险的分类

汽车保险可以分为交强险和商业险。

2. 商业险

商业险分为主险和附加险。汽车商业险主险包括机动车损失保险、机动车第三者责任保险、机动车车上人员责任保险等。

商业险附加险包括附加法定假日限额翻倍险、附加医保外医疗费用责任险、附加车身划痕损失险、附加绝对免赔率特约条款等。

3. 汽车保险的购买原则

（1）交强险必须投保。

（2）不要重复投保。

（3）要足额投保。

（4）主险尽量保全。

（5）附加险按需投保。

4. 常见保险险种的组合方案

常见保险险种的组合方案包括最低保障方案、基本保障方案、经济保障方案、最佳保

障方案、完全保障方案。

5. 交强险的保险责任

交强险的保险责任见表13-1。

表13-1　　　　　　　　　　　　　交强险的保险责任

项目	有责赔偿／元	无责赔偿／元
死亡伤残	180 000	18 000
医疗费用	18 000	1 800
财产损失	2 000	100

6. 交强险保费计算公式

交强险保费 = 交强险基础保费 ×（1+ 与道路交通事故相联系的浮动费率）

7. 商业险保费金额浮动费率

商业险保费金额浮动费率见表 13-2。

表13-2　　　　　　　　　　　　商业险保费金额浮动费率

出险次数	保费折扣	出险次数	保费折扣
出险 1 次	不打折	出险 5 次	翻倍
出险 2 次	上浮 25%	一年内无出险	下调 15%
出险 3 次	上浮 50%	两年内无出险	下调 30%
出险 4 次	上浮 75%	三年内无出险	下调 40%

二、任务准备

在下列图片中勾选出完成本任务所需的物品。

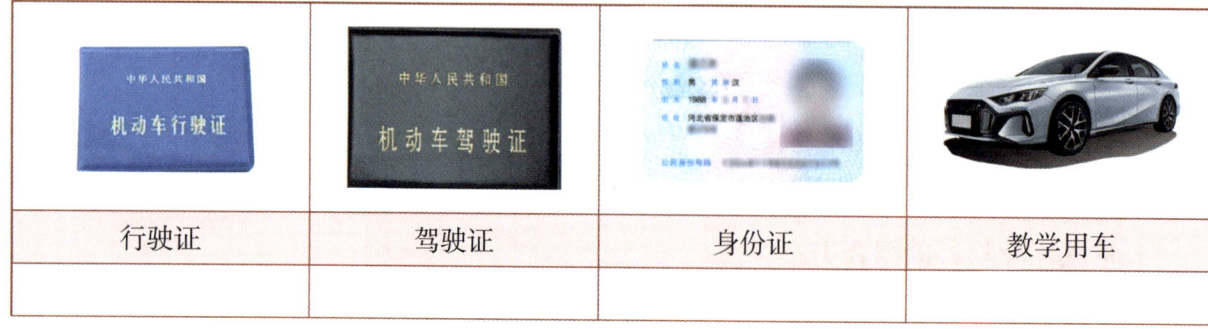

行驶证	驾驶证	身份证	教学用车

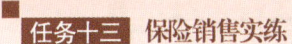

黑色签字笔	计算器	交强险基础保费表	交强险费率浮动比率表
机动车损失保险基本费率表	玻璃单独破碎险基本费率表	自燃损失险基本费率表	盗抢险基本费率表
机动车车上人员责任保险费率表	不计免赔特约险基本费率表	简易投保单	附加车身划痕损失险费率表

三、任务分配

任务分配见表13-3。

表 13-3   任务分配

职务	代码	姓名	工作内容
组长	A		监督、管理组员工作
组员	B		准备实训资料
	C		
	D		领取所需物品
	E		

四、任务实施

（一）实施案例1

根据实际情况为客户推荐合理的保险，并完成投保流程。

简易投保单

投保情况	新保 / 续保	□新保 □续保	上年投保公司	
	上年保险单号		到期时间	
投保人 / 被保险人				
身份证号			组织机构代码证	
联系人姓名			联系电话	
联系地址			邮政编码	
投保种类	□交通事故责任强制保险 □机动车商业保险	交强险承保公司		保险单号
车辆类型		车牌号码		购置时间

商业险险种	投保险种	保险金额 / 责任限额 / 万元	保费 / 元
	□机动车损失保险		
	□机动车第三者责任保险	□ 50 □ 100 □ 200	
	□机动车车上人员责任保险		
	□附加绝对免赔率特约条款		
	□附加车轮单独损失险		
	□附加新增加设备损失险		
	□附加车身划痕损失险		
	□附加修理期间费用补偿险		
	□附加发动机进水损坏除外特约条款		
	□附加车上货物责任险		
	□附加精神损害抚慰金责任险		
	□附加法定节假日限额翻倍险		
	□附加医保外医疗费用责任险		
	□附加机动车增值服务特约条款		

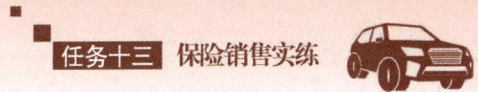

（二）实施案例2

根据实际情况为客户推荐合理的保险，并完成投保流程。

简易投保单

<table>
<tr><td rowspan="2">投保情况</td><td>新保／续保</td><td colspan="2">□新保 □续保</td><td>上年投保公司</td><td></td></tr>
<tr><td>上年保险单号</td><td colspan="2"></td><td>到期时间</td><td></td></tr>
<tr><td>投保人／
被保险人</td><td colspan="5"></td></tr>
<tr><td>身份证号</td><td colspan="2"></td><td>组织机构代码证</td><td colspan="2"></td></tr>
<tr><td>联系人姓名</td><td colspan="2"></td><td>联系电话</td><td colspan="2"></td></tr>
<tr><td>联系地址</td><td colspan="3"></td><td>邮政编码</td><td></td></tr>
<tr><td>投保种类</td><td colspan="2">□交通事故责任强制保险
□机动车商业保险</td><td>交强险承保公司</td><td>保险单号</td><td></td></tr>
<tr><td>车辆类型</td><td colspan="2"></td><td>车牌号码</td><td>购置时间</td><td></td></tr>
<tr><td rowspan="15">商业险险种</td><td colspan="2">投保险种</td><td colspan="2">保险金额／责任限额／万元</td><td>保费／元</td></tr>
<tr><td colspan="2">□机动车损失保险</td><td colspan="2"></td><td></td></tr>
<tr><td colspan="2">□机动车第三者责任保险</td><td colspan="2">□ 50 □ 100 □ 200</td><td></td></tr>
<tr><td colspan="2">□机动车车上人员责任保险</td><td colspan="2"></td><td></td></tr>
<tr><td colspan="2">□附加绝对免赔率特约条款</td><td colspan="2"></td><td></td></tr>
<tr><td colspan="2">□附加车轮单独损失险</td><td colspan="2"></td><td></td></tr>
<tr><td colspan="2">□附加新增加设备损失险</td><td colspan="2"></td><td></td></tr>
<tr><td colspan="2">□附加车身划痕损失险</td><td colspan="2"></td><td></td></tr>
<tr><td colspan="2">□附加修理期间费用补偿险</td><td colspan="2"></td><td></td></tr>
<tr><td colspan="2">□附加发动机进水损坏除外特约条款</td><td colspan="2"></td><td></td></tr>
<tr><td colspan="2">□附加车上货物责任险</td><td colspan="2"></td><td></td></tr>
<tr><td colspan="2">□附加精神损害抚慰金责任险</td><td colspan="2"></td><td></td></tr>
<tr><td colspan="2">□附加法定节假日限额翻倍险</td><td colspan="2"></td><td></td></tr>
<tr><td colspan="2">□附加医保外医疗费用责任险</td><td colspan="2"></td><td></td></tr>
<tr><td colspan="2">□附加机动车增值服务特约条款</td><td colspan="2"></td><td></td></tr>
</table>

（三）实施案例 3

根据实际情况为客户推荐合理的保险，并完成投保流程。

简易投保单

投保情况	新保/续保	□新保 □续保	上年投保公司		
	上年保险单号		到期时间		
投保人/被保险人					
身份证号			组织机构代码证		
联系人姓名			联系电话		
联系地址				邮政编码	
投保种类	□交通事故责任强制保险 □机动车商业保险	交强险承保公司		保险单号	
车辆类型		车牌号码		购置时间	
商业险险种	投保险种		保险金额/责任限额/万元		保费/元
	□机动车损失保险				
	□机动车第三者责任保险		□ 50 □ 100 □ 200		
	□机动车车上人员责任保险				
	□附加绝对免赔率特约条款				
	□附加车轮单独损失险				
	□附加新增加设备损失险				
	□附加车身划痕损失险				
	□附加修理期间费用补偿险				
	□附加发动机进水损坏除外特约条款				
	□附加车上货物责任险				
	□附加精神损害抚慰金责任险				
	□附加法定节假日限额翻倍险				
	□附加医保外医疗费用责任险				
	□附加机动车增值服务特约条款				

124

（四）实施案例 4

根据实际情况为客户推荐合理的保险，并完成投保流程。

简易投保单

<table>
<tr><td rowspan="2">投保情况</td><td>新保 / 续保</td><td colspan="2">□新保 □续保</td><td>上年投保公司</td><td></td></tr>
<tr><td>上年保险单号</td><td colspan="2"></td><td>到期时间</td><td></td></tr>
<tr><td>投保人 /
被保险人</td><td colspan="5"></td></tr>
<tr><td>身份证号</td><td colspan="2"></td><td>组织机构代码证</td><td colspan="2"></td></tr>
<tr><td>联系人姓名</td><td colspan="2"></td><td>联系电话</td><td colspan="2"></td></tr>
<tr><td>联系地址</td><td colspan="3"></td><td>邮政编码</td><td></td></tr>
<tr><td>投保种类</td><td colspan="2">□交通事故责任强制保险
□机动车商业保险</td><td>交强险承保公司</td><td>保险单号</td><td></td></tr>
<tr><td>车辆类型</td><td colspan="2"></td><td>车牌号码</td><td>购置时间</td><td></td></tr>
<tr><td rowspan="15">商业险险种</td><td colspan="2">投保险种</td><td colspan="2">保险金额 / 责任限额 / 万元</td><td>保费 / 元</td></tr>
<tr><td colspan="2">□机动车损失保险</td><td colspan="2"></td><td></td></tr>
<tr><td colspan="2">□机动车第三者责任保险</td><td colspan="2">□ 50　□ 100　□ 200</td><td></td></tr>
<tr><td colspan="2">□机动车车上人员责任保险</td><td colspan="2"></td><td></td></tr>
<tr><td colspan="2">□附加绝对免赔率特约条款</td><td colspan="2"></td><td></td></tr>
<tr><td colspan="2">□附加车轮单独损失险</td><td colspan="2"></td><td></td></tr>
<tr><td colspan="2">□附加新增加设备损失险</td><td colspan="2"></td><td></td></tr>
<tr><td colspan="2">□附加车身划痕损失险</td><td colspan="2"></td><td></td></tr>
<tr><td colspan="2">□附加修理期间费用补偿险</td><td colspan="2"></td><td></td></tr>
<tr><td colspan="2">□附加发动机进水损坏除外特约条款</td><td colspan="2"></td><td></td></tr>
<tr><td colspan="2">□附加车上货物责任险</td><td colspan="2"></td><td></td></tr>
<tr><td colspan="2">□附加精神损害抚慰金责任险</td><td colspan="2"></td><td></td></tr>
<tr><td colspan="2">□附加法定节假日限额翻倍险</td><td colspan="2"></td><td></td></tr>
<tr><td colspan="2">□附加医保外医疗费用责任险</td><td colspan="2"></td><td></td></tr>
<tr><td colspan="2">□附加机动车增值服务特约条款</td><td colspan="2"></td><td></td></tr>
</table>

（五）实施案例 5

根据实际情况为客户推荐合理的保险，并完成投保流程。

简易投保单

投保情况	新保／续保	□新保 □续保		上年投保公司	
	上年保险单号			到期时间	
投保人／被保险人					
身份证号				组织机构代码证	
联系人姓名				联系电话	
联系地址				邮政编码	
投保种类	□交通事故责任强制保险 □机动车商业保险		交强险承保公司	保险单号	
车辆类型			车牌号码	购置时间	

商业险险种	投保险种	保险金额／责任限额／万元	保费／元
	□机动车损失保险		
	□机动车第三者责任保险	□ 50　□ 100　□ 200	
	□机动车车上人员责任保险		
	□附加绝对免赔率特约条款		
	□附加车轮单独损失险		
	□附加新增加设备损失险		
	□附加车身划痕损失险		
	□附加修理期间费用补偿险		
	□附加发动机进水损坏除外特约条款		
	□附加车上货物责任险		
	□附加精神损害抚慰金责任险		
	□附加法定节假日限额翻倍险		
	□附加医保外医疗费用责任险		
	□附加机动车增值服务特约条款		

五、检查

（一）自检

结合本组任务实施过程，对任务执行过程中的规范性进行检查，检查实施过程中是否存在以下问题，填入表 13-4，分析讨论应如何避免并总结规范的工作方法。

表 13-4　　　　　　　　　　　　　　　　　自检

检查项目	检查结果
是否能为客户推荐合理的保险险种	是☐　否☐
是否能向客户讲解相关险种的保障和理赔原则	是☐　否☐
保险购买金额的计算是否正确	是☐　否☐
是否能正确填写简易投保单	是☐　否☐

（二）互检

组与组之间相互检查，将检查结果填入表 13-5。

表 13-5　　　　　　　　　　　　　　　　　互检

检查项目	检查结果
是否能为客户推荐合理的保险险种	是☐　否☐
是否能向客户讲解相关险种的保障和理赔原则	是☐　否☐
保险购买金额的计算是否正确	是☐　否☐
是否能正确填写简易投保单	是☐　否☐

六、课堂小结

微课动画

保险理赔实练任务工单				
客户信息	姓名		电话	
车辆信息	车型	VIN		行驶里程 / km
任务描述	销售交强险 □　　销售商业险主险 □　　销售商业险附加险 □　　制定投保方案 □ 接听报案电话 □　　现场查勘 □　　记录事故现场 □　　事故定损 □ 理赔申请 □　　赔款理算 □　　承保 □ 其他： ✒＿＿＿＿＿＿＿＿＿＿＿＿＿＿＿＿＿＿＿＿＿＿＿＿＿＿＿＿＿＿ ＿＿＿＿＿＿＿＿＿＿＿＿＿＿＿＿＿＿＿＿＿＿＿＿＿＿＿＿＿＿＿ ＿＿＿＿＿＿＿＿＿＿＿＿＿＿＿＿＿＿＿＿＿＿＿＿＿＿＿＿＿＿＿				

车辆外观检查		车辆内部检查	
凹凸 □		污渍 □	
划痕 □		破损 □	
石击 □		色斑 □	
油漆 □		变形 □	

明确具体 工作任务	✒＿＿＿＿＿＿＿＿＿＿＿＿＿＿＿＿＿＿＿＿＿＿＿＿＿＿＿＿＿＿ ＿＿＿＿＿＿＿＿＿＿＿＿＿＿＿＿＿＿＿＿＿＿＿＿＿＿＿＿＿＿＿ ＿＿＿＿＿＿＿＿＿＿＿＿＿＿＿＿＿＿＿＿＿＿＿＿＿＿＿＿＿＿＿

● 能够掌握汽车保险理赔的工作流程
● 能够为客户处理出险后的相关事宜

任务目标
● 能够实际进行现场查勘并拍照取证
● 能够为事故车辆定损理赔

任务内容
● 汽车保险理赔的工作流程和内容
● 汽车事故现场查勘的方法和拍照取证的方法

任务难点
● 事故现场查勘
● 事故定损理赔

任务难点
● 事故查勘、定损与理赔

一、知识讲解

1. 客户报案的受理流程

（1）接听报案电话。

（2）核查相关信息。

（3）记录报案内容。

（4）分析案件类型，判断责任。

（5）确定是否受理案件。

（6）告知报案人相关注意事项。

（7）案件调派。

2. 现场查勘物品

现场查勘前必须准备的物品包括：查勘车、照相机、资料和笔、手电筒、手机、录音笔。

3. 现场查勘的工作流程及内容

（1）到达事故现场

赶到现场，初步了解事故情况。

（2）询问、审核相关内容

对报案人员和车辆进行核对。

（3）收集现场证据

通过各种查勘技术和方法收集证据。

（4）确定保险责任

判断事故是否属于保险理赔范围。

（5）填写相关单证

结合查勘情况填写相关单证，告知后续事项。

（6）确定维修方

安排车辆维修，确定维修方案。

4. 现场查勘的工作内容

（1）核查车辆相关信息。

（2）核查相关证件。

（3）核查驾驶员相关信息。

（4）核实事故发生的相关信息。

（5）核查事故损失相关信息。

5. 记录事故现场

记录事故现场指通过拍照取证的方式对事故现场进行记录并存档，将所拍摄的照片按照保险公司的要求进行上传与审核。

6. 事故定损的原则

（1）定损和修理的范围仅限本次事故所造成的损失。

（2）能够修理的零部件坚持修理，绝不更换。

（3）能够进行局部修理的，绝不整体修理。

（4）能够更换零部件的，绝不更换总成。

（5）定损价格应根据当地的维修行业标准和市场情况准确判断。

（6）车辆维修完毕后，要达到原有的性能和状态。

（7）在定损过程中要遵循定损原则，超出权限时应及时上报。

7. 事故理赔的工作流程

（1）查阅、审核相关资料并处理。

（2）为不同的保险事故提交理赔申请。

（3）为客户处理事故理赔工作。

8. 日常赔款理算的工作流程

（1）接受待理算赔案资料。

（2）整理审核赔案资料。

（3）确定保险责任，计算赔款。

（4）填写赔款计算书。

（5）申请赔款。

二、任务准备

在下列图片中勾选出完成本任务所需的物品。

行驶证	驾驶证	身份证	教学用车
黑色签字笔	计算器	交强险保单	商业险保单
赔款计算书	事故定损单	基本索赔资料表	道路交通事故认定书
录音笔	手机	相机	手电筒

三、任务分配

任务分配见表 14-1。

表 14-1　　　　　　　　　　　　　　　任务分配

职务	代码	姓名	工作内容
组长	A		监督、管理组员工作
组员	B		准备实训资料
	C		
	D		领取所需物品
	E		

四、任务实施

（一）实施案例 1

根据教师给出的案例完成报案电话的接听、事故查勘及赔款理算等工作内容。

接报案记录表

报案时间		接听人员		报案号	
车牌号码		车辆颜色		VIN	
交强险	□有　□无	商业险	□有　□无	备注：	
出险时间		出险地点			
车辆所有人		报案人		联系电话	
事故类型	□单方　□双方	有无人员伤亡	□有　□无	对方是否需要赔付	□是　□否
事故发生原因：					
事故发生经过：					
其他：					
受理人		调派人		时间	

事故定损单

<table>
<tr><td rowspan="9">出险通知书</td><td colspan="2">被保险人：</td><td colspan="2">保险单号：</td></tr>
<tr><td>车牌号码：</td><td>肇事司机：</td><td colspan="2">司机电话：</td></tr>
<tr><td>厂牌型号：</td><td>驾驶证号码：</td><td colspan="2">准驾车型：</td></tr>
<tr><td colspan="3">VIN：</td><td>车辆颜色：</td></tr>
<tr><td colspan="2">出险时间：   年   月   日</td><td>联系人：</td><td>联系电话：</td></tr>
<tr><td colspan="4">出险地点：</td></tr>
<tr><td colspan="4">出险原因及经过：

被保险人 / 肇事司机签章：</td></tr>
</table>

<table>
<tr><td rowspan="6">标的损失确认</td><td colspan="4">记录事故碰撞点、损失部位及初步处理意见：</td><td rowspan="6">现场草图：</td></tr>
<tr><td>更换项目</td><td>核定金额 / 元</td><td>修理项目</td><td>核定金额 / 元</td></tr>
<tr><td></td><td></td><td></td><td></td></tr>
<tr><td></td><td></td><td></td><td></td></tr>
<tr><td></td><td></td><td></td><td></td></tr>
<tr><td>损失合计 / 元</td><td colspan="3"></td></tr>
</table>

保险标的损失确认签名：

<table>
<tr><td rowspan="9">第三者信息及损失确认</td><td colspan="2">车牌号码</td><td></td><td>车型</td><td></td><td rowspan="11">被保险人声明：
　1. 本人对上述情况认定属实，如有虚假，愿放弃保险的一切权利并承担法律责任。
　2. 同意保险公司按现场查勘人员核定的修理价格及有关条款规定进行赔偿。
　3. 本事故的保险赔款转入以下账户：
户名：
开户银行：
账号：
被保险人签章：
被保险人联系电话：
被保险人身份证号码：</td></tr>
<tr><td colspan="5">交强险保单及承保公司：</td></tr>
<tr><td>更换项目</td><td>核定金额 / 元</td><td></td><td>修理项目</td><td>核定金额 / 元</td></tr>
<tr><td></td><td></td><td></td><td></td><td></td></tr>
<tr><td></td><td></td><td></td><td></td><td></td></tr>
<tr><td></td><td></td><td></td><td></td><td></td></tr>
<tr><td></td><td></td><td></td><td></td><td></td></tr>
<tr><td>损失合计 / 元</td><td colspan="4"></td></tr>
<tr><td colspan="5">第三者损失确认签名及联系电话：</td></tr>
</table>

查勘人签名：

汽车保险员实战

赔款计算书

保险单号			赔案号	
被保险人			车牌号码	
保险期限	年 月 日至　　年 月 日		出险时间	年 月 日
出险地点			事故责任	

赔款计算

理算项目

险别	项目费用/元	索赔金额/元	核损金额/元	责任比例/%	赔付金额/元	是否垫付

合计：　　　　　　　　　　　　　　　　　　　　　　　　　　　　　　　　　元

查勘费/元		校验费/元		公估费/元		其他费用/元	
本次赔付金额/元		垫付金额/元		本次赔付最终金额/元			
缮制人：　　　　年 月 日		复核人：　　　　年 月 日					

核赔人意见	理赔经理意见	最终核赔意见
签字　　年 月 日	签字　　年 月 日	签字　　年 月 日

134

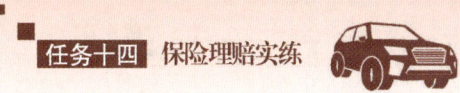

（二）实施案例 2

根据教师给出的案例进行报案电话的接听、事故查勘及赔款理算等工作内容。

接报案记录表

报案时间		接听人员		报案号	
车牌号码		车辆颜色		VIN	
交强险	□有　□无	商业险	□有　□无	备注：	
出险时间		出险地点			
车辆所有人		报案人		联系电话	
事故类型	□单方　□双方	有无人员伤亡	□有　□无	对方是否需要赔付	□是　□否
事故发生原因：					
事故发生经过：					
其他：					
受理人		调派人		时间	

汽车保险员实战

事故定损单

<table>
<tr><td rowspan="8">出险通知书</td><td colspan="2">被保险人：</td><td colspan="2">保险单号：</td></tr>
<tr><td>车牌号码：</td><td>肇事司机：</td><td colspan="2">司机电话：</td></tr>
<tr><td>厂牌型号：</td><td>驾驶证号码：</td><td colspan="2">准驾车型：</td></tr>
<tr><td colspan="2">VIN：</td><td colspan="2">车辆颜色：</td></tr>
<tr><td colspan="2">出险时间：　　年　　月　　日</td><td>联系人：</td><td>联系电话：</td></tr>
<tr><td colspan="4">出险地点：</td></tr>
<tr><td colspan="4">出险原因及经过：

被保险人/肇事司机签章：</td></tr>
</table>

<table>
<tr><td rowspan="8">标的损失确认</td><td colspan="4">记录事故碰撞点、损失部位及初步处理意见：</td><td rowspan="4">现场草图：</td></tr>
<tr><td>更换项目</td><td>核定金额/元</td><td>修理项目</td><td>核定金额/元</td></tr>
<tr><td></td><td></td><td></td><td></td></tr>
<tr><td></td><td></td><td></td><td></td></tr>
<tr><td></td><td></td><td></td><td></td><td rowspan="4">被保险人声明：
　1. 本人对上述情况认定属实，如有虚假，愿放弃保险的一切权利并承担法律责任。
　2. 同意保险公司按现场查勘人员核定的修理价格及有关条款规定进行赔偿。
　3. 本事故的保险赔款转入以下账户：</td></tr>
<tr><td></td><td></td><td></td><td></td></tr>
<tr><td></td><td></td><td></td><td></td></tr>
<tr><td>损失合计/元</td><td colspan="3"></td></tr>
<tr><td colspan="5">保险标的损失确认签名：</td><td>户名：
开户银行：
账号：</td></tr>
</table>

<table>
<tr><td rowspan="9">第三者信息及损失确认</td><td>车牌号码</td><td></td><td>车型</td><td></td><td rowspan="9">被保险人签章：
被保险人联系电话：
被保险人身份证号码：</td></tr>
<tr><td colspan="4">交强险保单及承保公司：</td></tr>
<tr><td>更换项目</td><td>核定金额/元</td><td>修理项目</td><td>核定金额/元</td></tr>
<tr><td></td><td></td><td></td><td></td></tr>
<tr><td></td><td></td><td></td><td></td></tr>
<tr><td></td><td></td><td></td><td></td></tr>
<tr><td></td><td></td><td></td><td></td></tr>
<tr><td>损失合计/元</td><td colspan="3"></td></tr>
<tr><td colspan="4">第三者损失确认签名及联系电话：</td></tr>
</table>

<table>
<tr><td>查勘人签名：</td></tr>
</table>

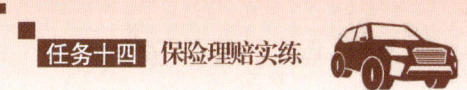

赔款计算书

保险单号		赔案号	
被保险人		车牌号码	
保险期限	年 月 日至 年 月 日	出险时间	年 月 日
出险地点		事故责任	

赔款计算

理算项目

险别	项目费用/元	索赔金额/元	核损金额/元	责任比例/%	赔付金额/元	是否垫付

合计:						元

查勘费/元		校验费/元		公估费/元		其他费用/元	

本次赔付金额/元		垫付金额/元		本次赔付最终金额/元	

缮制人:	年 月 日	复核人:	年 月 日

核赔人意见	理赔经理意见	最终核赔意见
签字 年 月 日	签字 年 月 日	签字 年 月 日

（三）实施案例 3

根据教师给出的案例进行报案电话的接听、事故查勘及赔款理算等工作内容。

接报案记录表

报案时间		接听人员		报案号	
车牌号码		车辆颜色		VIN	
交强险	□ 有　□ 无	商业险	□ 有　□ 无	备注：	
出险时间		出险地点			
车辆所有人		报案人		联系电话	
事故类型	□ 单方　□ 双方	有无人员伤亡	□ 有　□ 无	对方是否需要赔付	□ 是　□ 否
事故发生原因：					
事故发生经过：					
其他：					
受理人		调派人		时间	

事故定损单

<table>
<tr><td rowspan="8">出险通知书</td><td colspan="3">被保险人：</td><td>保险单号：</td></tr>
<tr><td>车牌号码：</td><td colspan="2">肇事司机：</td><td>司机电话：</td></tr>
<tr><td>厂牌型号：</td><td colspan="2">驾驶证号码：</td><td>准驾车型：</td></tr>
<tr><td colspan="3">VIN：</td><td>车辆颜色：</td></tr>
<tr><td>出险时间：　　年　　月　　日</td><td colspan="2">联系人：</td><td>联系电话：</td></tr>
<tr><td colspan="4">出险地点：</td></tr>
<tr><td colspan="4">出险原因及经过：

被保险人/肇事司机签章：</td></tr>
</table>

<table>
<tr><td rowspan="9">标的损失确认</td><td colspan="4">记录事故碰撞点、损失部位及初步处理意见：</td><td rowspan="6">现场草图：</td></tr>
<tr><td>更换项目</td><td>核定金额/元</td><td>修理项目</td><td>核定金额/元</td></tr>
<tr><td></td><td></td><td></td><td></td></tr>
<tr><td></td><td></td><td></td><td></td></tr>
<tr><td></td><td></td><td></td><td></td></tr>
<tr><td></td><td></td><td></td><td></td></tr>
<tr><td>损失合计/元</td><td colspan="3"></td><td rowspan="3">被保险人声明：
　1. 本人对上述情况认定属实，如有虚假，愿放弃保险的一切权利并承担法律责任。
　2. 同意保险公司按现场查勘人员核定的修理价格及有关条款规定进行赔偿。</td></tr>
<tr><td colspan="4">保险标的损失确认签名：</td></tr>
</table>

<table>
<tr><td rowspan="10">第三者信息及损失确认</td><td colspan="2">车牌号码</td><td></td><td>车型</td><td></td><td rowspan="8">　3. 本事故的保险赔款转入以下账户：
户名：
开户银行：
账号：
被保险人签章：
被保险人联系电话：
被保险人身份证号码：</td></tr>
<tr><td colspan="5">交强险保单及承保公司：</td></tr>
<tr><td>更换项目</td><td>核定金额/元</td><td></td><td>修理项目</td><td>核定金额/元</td></tr>
<tr><td></td><td></td><td></td><td></td><td></td></tr>
<tr><td></td><td></td><td></td><td></td><td></td></tr>
<tr><td></td><td></td><td></td><td></td><td></td></tr>
<tr><td></td><td></td><td></td><td></td><td></td></tr>
<tr><td>损失合计/元</td><td colspan="4"></td></tr>
<tr><td colspan="5">第三者损失确认签名及联系电话：</td></tr>
</table>

查勘人签名：

汽车保险员实战

赔款计算书

保险单号			赔案号	
被保险人			车牌号码	
保险期限	年 月 日至 年 月 日		出险时间	年 月 日
出险地点			事故责任	

赔款计算

理算项目

险别	项目费用/元	索赔金额/元	核损金额/元	责任比例/%	赔付金额/元	是否垫付

合计： 元

查勘费/元		校验费/元		公估费/元		其他费用/元	
本次赔付金额/元		垫付金额/元		本次赔付最终金额/元			

缮制人：	年 月 日	复核人：	年 月 日

核赔人意见	理赔经理意见	最终核赔意见
签字 年 月 日	签字 年 月 日	签字 年 月 日

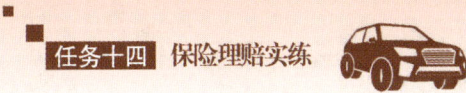

（四）实施案例 4

根据教师给出的案例进行报案电话的接听、事故查勘及赔款理算等工作内容。

接报案记录表

报案时间		接听人员		报案号	
车牌号码		车辆颜色		VIN	
交强险	□ 有　□ 无	商业险	□ 有　□ 无	备注：	
出险时间		出险地点			
车辆所有人		报案人		联系电话	
事故类型	□ 单方　□ 双方	有无人员伤亡	□ 有　□ 无	对方是否需要赔付	□ 是　□ 否

事故发生原因：

事故发生经过：

其他：

受理人		调派人		时间	

事故定损单

出险通知书	被保险人：				保险单号：	
	车牌号码：		肇事司机：		司机电话：	
	厂牌型号：		驾驶证号码：		准驾车型：	
	VIN：				车辆颜色：	
	出险时间：　　年　　月　　日			联系人：	联系电话：	
	出险地点：					
	出险原因及经过： 　　　　　　　　　　　　被保险人 / 肇事司机签章：					

标的损失确认	记录事故碰撞点、损失部位及初步处理意见：				现场草图：
	更换项目	核定金额 / 元	修理项目	核定金额 / 元	
	损失合计 / 元				被保险人声明：
	保险标的损失确认签名：				1. 本人对上述情况认定属实，如有虚假，愿放弃保险的一切权利并承担法律责任。

第三者信息及损失确认	车牌号码		车型		2. 同意保险公司按现场查勘人员核定的修理价格及有关条款规定进行赔偿。
	交强险保单及承保公司：				3. 本事故的保险赔款转入以下账户：
	更换项目	核定金额 / 元	修理项目	核定金额 / 元	户名：
					开户银行：
					账号：
					被保险人签章：
					被保险人联系电话：
	损失合计 / 元				被保险人身份证号码：
	第三者损失确认签名及联系电话：				

查勘人签名：

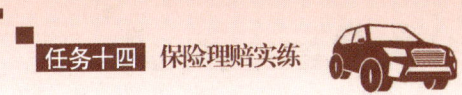

赔款计算书

保险单号			赔案号	
被保险人			车牌号码	
保险期限	年 月 日至 年 月 日		出险时间	年 月 日
出险地点			事故责任	

赔款计算

理算项目						
险别	项目费用/元	索赔金额/元	核损金额/元	责任比例/%	赔付金额/元	是否垫付

合计：		元

查勘费/元		校验费/元		公估费/元		其他费用/元	
本次赔付金额/元		垫付金额/元		本次赔付最终金额/元			
缮制人：	年 月 日	复核人：		年 月 日			

核赔人意见	理赔经理意见	最终核赔意见
签字 年 月 日	签字 年 月 日	签字 年 月 日

（五）实施案例 5

请根据教师给出的案例进行报案电话的接听、事故查勘及赔款理算等工作内容。

接报案记录表

报案时间		接听人员		报案号	
车牌号码		车辆颜色		VIN	
交强险	□ 有　□ 无	商业险	□ 有　□ 无	备注：	
出险时间		出险地点			
车辆所有人		报案人		联系电话	
事故类型	□ 单方　□ 双方	有无人员伤亡	□ 有　□ 无	对方是否需要赔付	□ 是　□ 否
事故发生原因：					
事故发生经过：					
其他：					
受理人		调派人		时间	

事故定损单

<table>
<tr><td rowspan="7">出险通知书</td><td colspan="3">被保险人：</td><td colspan="2">保险单号：</td></tr>
<tr><td>车牌号码：</td><td colspan="2">肇事司机：</td><td colspan="2">司机电话：</td></tr>
<tr><td>厂牌型号：</td><td colspan="2">驾驶证号码：</td><td colspan="2">准驾车型：</td></tr>
<tr><td colspan="4">VIN：</td><td>车辆颜色：</td></tr>
<tr><td colspan="3">出险时间：　　年　月　日</td><td>联系人：</td><td>联系电话：</td></tr>
<tr><td colspan="5">出险地点：</td></tr>
<tr><td colspan="5">出险原因及经过：

　　　　　　　　　　　　　　被保险人 / 肇事司机签章：</td></tr>
<tr><td rowspan="8">标的损失确认</td><td colspan="4">记录事故碰撞点、损失部位及初步处理意见：</td><td>现场草图：</td></tr>
<tr><td>更换项目</td><td>核定金额 / 元</td><td>修理项目</td><td>核定金额 / 元</td><td rowspan="6"></td></tr>
<tr><td></td><td></td><td></td><td></td></tr>
<tr><td></td><td></td><td></td><td></td></tr>
<tr><td></td><td></td><td></td><td></td></tr>
<tr><td></td><td></td><td></td><td></td></tr>
<tr><td>损失合计 / 元</td><td colspan="3"></td></tr>
<tr><td colspan="4">保险标的损失确认签名：</td><td rowspan="11">被保险人声明：
　1. 本人对上述情况认定属实，如有虚假，愿放弃保险的一切权利并承担法律责任。
　2. 同意保险公司按现场查勘人员核定的修理价格及有关条款规定进行赔偿。
　3. 本事故的保险赔款转入以下账户：
户名：
开户银行：
账号：
被保险人签章：
被保险人联系电话：
被保险人身份证号码：</td></tr>
<tr><td rowspan="9">第三者信息及损失确认</td><td colspan="2">车牌号码</td><td colspan="2">车型</td></tr>
<tr><td colspan="4">交强险保单及承保公司：</td></tr>
<tr><td>更换项目</td><td>核定金额 / 元</td><td>修理项目</td><td>核定金额 / 元</td></tr>
<tr><td></td><td></td><td></td><td></td></tr>
<tr><td></td><td></td><td></td><td></td></tr>
<tr><td></td><td></td><td></td><td></td></tr>
<tr><td></td><td></td><td></td><td></td></tr>
<tr><td>损失合计 / 元</td><td colspan="3"></td></tr>
<tr><td colspan="4">第三者损失确认签名及联系电话：</td></tr>
<tr><td colspan="5">查勘人签名：</td></tr>
</table>

赔款计算书

保险单号			赔案号	
被保险人			车牌号码	
保险期限	年 月 日至　年 月 日		出险时间	年 月 日
出险地点			事故责任	

赔款计算

理算项目

险别	项目费用/元	索赔金额/元	核损金额/元	责任比例/%	赔付金额/元	是否垫付

合计：　　　　　　　　　　　　　　　　　　　　　　　　　　　　　　　　　　元

查勘费/元		校验费/元		公估费/元		其他费用/元	
本次赔付金额/元		垫付金额/元		本次赔付最终金额/元			

缮制人：　　　　　年 月 日	复核人：　　　　　年 月 日

核赔人意见	理赔经理意见	最终核赔意见
签字　　　年 月 日	签字　　　年 月 日	签字　　　年 月 日

五、检查

（一）自检

结合本组任务实施过程，对任务执行过程中的规范性进行检查，检查实施过程中是否存在以下问题，填入表14-2，分析讨论应如何避免并总结规范的工作方法。

表 14-2　　　　　　　　　　　　　　　　自检

检查项目	检查结果
是否掌握汽车保险理赔的工作流程和内容	是□　否□
是否能对事故现场进行查勘和拍照取证	是□　否□
是否能对客户的损失进行合理的定损	是□　否□
是否能为客户进行理赔工作	是□　否□

（二）互检

组与组之间相互检查，将检查结果填入表14-3。

表14-3　　　　　　　　　　　　　　　　互检

检查项目	检查结果
是否掌握汽车保险理赔的工作流程和内容	是□　否□
是否能对事故现场进行查勘和拍照取证	是□　否□
是否能对客户的损失进行合理的定损	是□　否□
是否能为客户进行理赔工作	是□　否□

六、课堂小结

微课动画